人生の経営

出井伸之
Idei Nobuyuki

小学館新書

人生の経営

目次

はじめに

定年という考え方をやめよう

リタイアするつもりはない

最近、「還暦からの生き方」や「老後の心構え」を説く本が多いようです。リタイア後の余生をどう過ごしていくか、それはそれで大きな問題だとは思いますが、僕の関心はそこにはありません。まだまだリタイアするつもりがないからです。

僕は84歳になりましたが、いまだに現役ビジネスマンです。体調が続く限りは、仕事を続けていきたいと思っています。

そして多くの人たちと話していて思うのは、みな本当はできる限り仕事をやり続けたいと考えているのではないかということです。

でも働ける場所がない、今の時代に対応できるスキルがない、そう思い込んでいる人も多いようですが、果たして本当にそうでしょうか。今までしっかりとしたキャリアを積み重ねたビジネスマンであれば、きっと輝ける場所は見つかるはずだ、僕はそう考えます。

ソニーとは真逆のことがしたい

僕は1960年に、当時はまだ小さなベンチャー企業だったソニーに入社し、1995年に社長に就任しました。井深大《いぶかまさる》さんと盛田昭夫《もりたあきお》さんという2人の創業者がいて、そのあとを継いだ岩間和夫《いわまかずお》さんは「第三の創業者」と言われる方でしたし、次の大賀典雄《おおがのりお》さんにも「自分までが創業者世代」という自負がおありだった。

僕は事実上、ソニーで最初の新卒入社のサラリーマン経営者だったわけです。1999年に社長兼任でCEO（最高経営責任者）になり、翌年には会長兼務となりましたが、2005年に退任しました。

おかげさまで古巣のソニーはいま業績がよく、2022年3月期の連結営業利益は1兆円に届く勢いです。一時期、ソニーの業績が低迷した頃には批判の声もありましたが、今では僕のところにも「すごいですね」「よかったですね」という声や、「出井さんの改革がようやく実を結んだんですね」といった嬉しい評価をいただきます。しかし、僕はすでにソニーを離れた身です。

CEOを退任して、それまでの〝すべてはソニーのために〟という「ソニーファースト」から解き放たれたと思いました。目の前の視野が一気に広がり、新しい視点で日本の将来に貢献できることはないかと考えました。ソニーの肩書きを捨てて、新しいチャレンジをしようと思ったんです。

よく経営を退いたあとにも同じ会社に顧問や相談役という形で籍をおいて、財界活動などに勤《いそ》しむ方がいますが、僕はそんなのはつまらないと思いました。ソニーに囚《とら》われない、新しいビジネスにチャレンジできる機会だと考えました。

翌年、自分が創業者となって社員10人ぐらいの小さな会社をつくりました。69歳になるときでした。オフィスはソニーの本社がある品川のような都心を少し外れたところではなく、丸の内に構え、現在は乃木坂に移っています。規模が大きくなったソニーとは真逆のことをしたいと考えたんです。

社名は「クオンタムリープ」と言います。クオンタムリープとは、量子力学の世界で「非連続の飛躍」を意味します。ソニーが成長を遂げてきたように、企業にはあるときパーンと伸びることがあります。ベンチャー企業のそういう非連続の飛躍を手助けしたいと思って、この会社をつくりました。

若い世代との交流が増え、これまで僕が関わってきたベンチャー企業は100社を超えました。

キャリアは価値を持っている

年を取ってからチャレンジなどできるのか、それは経営者だからできることじゃないか、と思われるかもしれませんが、そんなことはありません。

あなたが、ある仕事のノウハウを身につけ、しっかり会社に貢献してきたサラリーマンであれば、これまで培《つちか》ってきたキャリアはとても大きな価値を持っています。多くの人は、それに気づいていないだけです。

たとえばうちの会社で、あるベンチャー企業から経理ができる人がいないという相談を受けて、大企業で経理をやっていたベテラン社員を紹介して、再就職してもらったことがあります。

経理や財務は、会社にとって重要な管理の一つの機能です。漫然と会社に配属されたまま経理をしていた人では厳しいですが、意識してそのノウハウを自分に溜めていた人であれば、そこには大きな需要があります。

企業経営にはビジョン、実行力、そして管理の三角形が必要ですが、ベンチャー企業に足りないのは、財務および管理なんです。ベンチャー企業は技術やサービスなどのアイデアから始まりますが、会社が大きくなってくると、途端に財務や管理の人材が足りなくなる。ましてや、上場近くなると、もうパニックです。上場のためには財務と管理をきちんと掌握しているCFO（最高財務責任者）の存在が不可欠です。

よくベンチャー企業と大企業は対比する文脈で語られますが、実はベンチャー企業が本当に成長したら、大企業の持つノウハウを使う必要が出てくる。

だから成長するベンチャー企業は、大企業の管理部門等のベテラン社員を欲しているんです。

そうした需要はいろいろなところにあって、後述しますがアジア諸国では、日本で技術やノウハウを蓄えたサラリーマンへの需要が非常に高いわけです。

多くの人が自分の対外的な価値を知らないまま、ただ漫然と定年までの日々を余生のように過ごす。それはとてももったいないことだと思います。

人生に引退はない

日本型企業の働き方を見ていると、50代にさしかかると、出世した人は自分では動かず部下に口先だけで指図するタイプになり、出世コースから外れた人は仕事に興味を失って、ただ退職金だけを目当てに会社に残ろうとする。僕からすると、仕事にコミットできなくなった時点で同じように見えます。

何も会社を飛び出さなくたって、社内で新しい仕事、チャレンジする場所を見つけることはできるんじゃないでしょうか。

今しきりに「定年延長」とか「70歳定年」という言葉が叫ばれ、ポジティブに受け止められているようですが、僕は嫌いです。定年が延びたというだけで、定年が決められていることには変わりがない。なぜ一律に年齢という基準だけでリタイアする時期を決められなければいけないのでしょうか。会社から必要とされなくなったときに、辞めればいいだけの話です。

そして仮に会社を辞めても、そこで終わりとは限らない。人生に引退はないからです。60歳だって70歳だって80歳だって、働いて輝くことは可能です。その可能性から目を背けて、「定年後」や「余生」にばかり目を向けるのはあまりにもったいない。僕と一緒に、その可能性を見つけてみませんか。

この本を50代で社長になった出井伸之の話としてではなく、ぜひあなたと同じようにサラリーマンだった20代・30代・40代の僕がどのように過ごしてきたか、そしてソニーを離れた後の60代以降をどのように過ごしてきたかを見てほしいと思います。

自分の人生を〝経営〟する

自分の人生は会社のためだけにあるわけではありません。自分はどうありたいか、どういう人生を歩みたいかを決めるのは自分自身です。つまり、自分の人生を〝経営〟するのは自分なのです。

あなたの人生を〝経営〟する上で、本書があなたのこれからの人生を豊かにする何かの励みになれば大変嬉しく思います。

第1章 サラリーマンこそ冒険しよう

親会社、子会社にこだわらない

「半沢直樹」という大ヒットドラマがありました。銀行内で起きる不正を暴いていく痛快な内容で、主人公の半沢直樹は、今や〝日本一有名なサラリーマン〟と呼べるでしょう。2020年に放送された続編では、子会社に飛ばされていた半沢直樹が親会社に戻り、出世することになりました。

とても日本的なハッピーエンドではあるのですが、あのまま終わってもらっては、僕としては少々困るのです。なぜかというと、それは僕が提唱するこれからの働き方とは真逆の発想だからです。

まず、子会社から親会社に戻って出世してハッピーエンドというのは、「子会社が下で、親会社が上」というのが暗黙の了解になっているわけです。だけど、子会社だろうと親会社だろうと、自分が輝いて働けるのなら、会社なんてどこでもいいとは思いませんか？肩書きなんて関係ないし、大会社が良くて、ベンチャー企業がダメみたいな考え方も捨てた方がいい。どこでなら自分が輝けるかが重要なんです。

社内ベンチャーのような働き方

日本の多くの企業で今も残っているようですが、会社ごとで特定の出世ルートというのがあったりします。たとえば、「○○支店出身じゃないと社長にはなれない」とか、「○○畑が出世ルートだ」とか。こういうのも古くさい考え方だと思います。

サラリーマンとして輝き続けるには、いろんな部署で働いて、たくさんの引き出しを持っていた方がいい。昨今は「専門性を持たなければいけない、ゼネラリストはダメだ」などといわれたりもするのですが、狭い視野で、あまり一つの分野、一つの専門性にこだわるのも良くないと僕は思います。

いろいろな部署を経験しておくことは、先々必ず役に立ちます。ただし、単にたくさんの部署を経験すればいいというものではなくて、起業家のような精神、視線で会社の中を見渡して、開拓できる分野、挑戦できる分野を見つけ出して、自ら手を挙げて新しい事業を提案する。つまり、〝社内ベンチャー〟のような動き方を僕は勧めたい。

実際に起業家目線で見渡せば、社内には新事業のタネがゴロゴロありませんか？　いや、

オーディオ事業部時代（前列右から３人目が本人）　©ソニーグループ株式会社

あるんです、僕の経験から言えば。すごい技術なのに使われずに埋もれているとか、ここにテコ入れすれば復活できるとか、このサービスをこうすればもっと市場が広がるとか、いくらでもあります。

社内で〝越境〟する

ソニー時代、自分のいる部署から他の部署へ異動することを、僕は〝越境〟と呼んでいて、自ら望んで越境を繰り返しました。かつての部下が僕の経歴書を見て「時刻表みたいだ」と言ったことがあります。確かにそう言われれば、どこの部署から次はどこの部署と、社内の異動の連続でしたから、そう見えたのかもしれません。

僕は文系で初めて「オーディオ事業部長」、つまり、音響機器の開発・製造にかかわる事業部長になりました。これも越境した結果です。ヨーロッパから帰ってきて、1979年に、自分から手を挙げて事業部長になったのです。

ソニーのオーディオというと、「ウォークマン」を連想する人がいると思いますが、これは別の事業部の製品で、僕が事業部長になったオーディオ事業部は、ハイファイのアンプやスピーカーといった純粋なオーディオ製品を作っている部署です。

世間の関心がもっぱら、テレビやビデオといった映像機器に移っていた時代で、「オーディオ事業部に未来はない」と社内で公然と囁かれ、実際に赤字の部署でした。だけど、不況に見舞われている部署だからこそ、僕は自ら手を挙げたのです。

技術者の牙城に挑む

ソニーのオーディオ事業部は技術者の牙城《がじょう》で、斜陽とはいえ、働いている技術者らは高いプライドを持っていました。そもそもソニー自体がテクノロジーにコミットしたエンジニアの会社です。だから、オーディオ事業部長は技術系の人がなるのが伝統で、そこへ素人の、しかも文系の事業部長が初めて誕生したわけですから、社内は大騒ぎになりました。僕がソニーの社長になったときよりもインパクトは大きかったと思います。

もともと僕はオーディオが趣味で、高校や大学の頃は秋葉原に出かけていって、オーディオ部品を買って自分でスピーカーを作ったりしていました。オーディオが好きだったし、加えて、幼少の頃からバイオリンをやっていましたから、ある程度、音の違いを聞き分けることができた。

実は、世界的指揮者である小澤征爾《おざわせいじ》氏は、成城学園中学校で僕の2つ上の先輩だったんです。彼はもともとピアノをやっていて、僕とカルテットを組んでいたんですが、ラグビーもやっていて、それで指を骨折してピアノを断念し、指揮者に転向しました。

大きな変化のときこそチャンス

そんなわけで、一応は、オーディオをやるバックグラウンドはあると自負はしていたのですが、やはりプロフェッショナルな技術者とは知識の点で雲泥《うんでい》の差があります。

それでもなぜ、オーディオをやろうと思ったかというと、「未来はない」といわれていたこの分野に、大きな変化が訪れる予感があったからです。デジタルの波です。アナログからデジタルになると、すべてが一新されると。だから、越境してオーディオ事業部にやってきたのです。

「これはチャンスだ」

僕はそう思っていました。新しい技術を生み出せるタイミングで、それを直接手がけられることをとても嬉しく思いました。

横一線でイチから学ぶ

僕は事業部長になってすぐに、オーディオにおけるコンピュータの重要さを学ぶため、アメリカに技術者3人を送って勉強させました。デジタルになると、アナログ時代に通用していた技術が通用しなくなります。だから、ある意味、文系の僕と技術者の人たちとが、横一線に並んでイチから学ぶことになります。社内の研究所から、異なるジャンルの技術者を引っ張ってきて一緒に勉強しました。オーディオ事業部の技術者も、デジタルはみん

創業者世代の４人（左から岩間、井深、盛田、大賀の各氏）

©ソニーグループ株式会社

な素人なので、僕も意見を言いやすくなります（笑）。

オーディオ事業部長として運よく「CD（コンパクトディスク）」という新しいデジタル技術の製品を手掛けました。ご存じの通り、CDはあっという間にアナログレコードから置き換わり、大成功を収めました。

とはいえ、まったく新しいものを生み出すには、大変な苦難が伴います。本当にたくさんの人に助けてもらったおかげで、CDの開発にこぎ着けることができたと思います。

その恩人の一人が岩間和夫さんでした。

岩間さんは、生粋の技術者で、後にソニー

の4代目の社長となった方です。

岩間さんは、社長在任中の昭和57年（1982年）に63歳という若さで亡くなられました。おそらくそのために、井深大、盛田昭夫に次ぐ創業者世代の一人（岩間氏の妻は盛田氏の妹でもある）でありながら、あまり人々の記憶に残っていないように思います。しかし、ソニーを語るとき、岩間さんは絶対に欠かしてはいけない人です。

岩間さんを象徴するのが、彼が眠っている鎌倉にあるお墓です。なぜかというと、そのお墓には、岩間さんが心血を注いで開発した「半導体チップ」が墓石に貼り付けられているからです。

岩間さんは「ソニーの半導体」、いや、「半導体のソニー」の生みの親です。ソニーの半導体は、現在も経営を支える大きな柱で、岩間さんがいなければ、今のような大きな事業には育っていなかったでしょう。

大先輩を味方に

岩間さんは、デジタルカメラやビデオカメラのイメージセンサー（撮像素子）として利用されていた「CCD（電荷結合素子）」を世界で初めて実用化しました。しかし、当時は日本だけでなく、欧米のどのメーカーも2～3年で開発を断念するほど、技術的にその開発は困難を極めていたんです。

「ソニーで開発をさせてくれ」と訴えた岩間さんに対し、井深さんは真っ向から反対しました。

「CCDの開発は絶対に無理だ。だから、無駄な投資はやめよう」

しかし、岩間さんは諦めなかった。

僕は岩間さんにずいぶん可愛がってもらい、深く付き合っていたからわかりますが、岩間さんほど地道で、真面目で、辛抱強い人を知りません。

CCDの開発をしているときも、井深さんは岩間さんの顔を見る度に、「やめろ」「諦めろ」と言っていたけれども、岩間さんは決して諦めようとはしませんでした。

東京大学で地球物理を専攻し、東大地震研究所の研究員だった岩間さんを口説いて、ソニーの前身、東京通信工業社に入社させたのは盛田さんでした。結果として、盛田さんの慧眼《けいがん》が証明されることになるわけです。

岩間さんがＣＣＤの実用化に成功したのは昭和51年（１９７６年）。このＣＣＤの開発の成功をベースとして１９８９年にソニーは８ミリビデオカメラの「ハンディカム」を売り出し、爆発的な売上を記録しました。そして、そこからデジタルカメラ、ＣＭＯＳ（シーモス）イメージセンサーの開発、携帯電話用カメラへとつながっていったのです。

「千三つ」と評される

岩間さんは昭和46年（１９７１年）、52歳のときに「ソニー・アメリカ」の社長としてニューヨークに赴任することになりました。半導体の研究に没頭している最中だったので、岩間さんの心中は複雑だったようです。

アメリカ行きが決まった直後に岩間さんとお会いする機会があり、岩間さんがなんとも複雑な表情をして言うんですよ。

「半導体を置いてアメリカに行くことになっちゃったよ」

僕は岩間さんとは親しかったんですね。岩間さんに、冗談でこう言ったんです。

「アメリカに行ったらきっとスピーチがうまくなりますよ」

彼は笑っていました。

岩間さんは技術者として極めて優秀な方でしたが、同時に性別や出身大学などで人を差別するようなことは微塵《みじん》もない人でした。本当に尊敬できる先輩でした。

オーディオ事業部長をやりたいと僕が手を挙げたとき、「あいつだったら面白いな。千《せん》三《み》つ（千のうち三つしか本当のことを言わない、大風呂敷を広げる人）で、何かやるかもしれん。よし、やらせてみよう」と、社内の多くが反対する中、事業部長就任を後押ししてくれたそうです。この話を岩間さんが亡くなられた後で聞かされ、僕は号泣しました。

サラリーマンこそ挑戦

当時、僕を助けてくれたもう一人が、大賀典雄さん（当時副社長）でした。大賀さんが光学式ビデオディスクの技術を持つオランダのフィリップスにつないでくれて、共同開発のような形でＣＤの実用化にこぎ着けました。

このＣＤ開発のときに、確信したことがあります。

「サラリーマンこそ、挑戦すべきだ」

ということです。

僕はよく、「独立したい」「起業したい」と言う若いソニー社員に、「君はいい家に飼われているウサギみたいなものなんだよ」と話していました。「ライオンなんて見たことがないだろう」と。

「会社を辞めて起業しようと思っても、外にはライオンやらトラやら猛獣がうろうろしていて、すぐに食われてしまう。外では誰も守ってくれないんだよ。だから、もう少しソニーの中で頑張って経験を積め」

「会社を辞めるな」と説得するなんて、出井らしくないと思いますか？　でも、まだ経験やスキルが足りないように見える若い社員に対してはこう言っているのです。まず会社の中で経験を積めと。

会社の中での挑戦なら、先輩方がバックアップしてくれるし、何かあっても会社が守ってくれる。仮に失敗して大きな損失を出しても、自分が破産して路頭に迷うこともない。だから、サラリーマンこそ、思い切った挑戦ができるのです。

定年間際ならリスクもない

実をいうと、「挑戦すべき」という積極的な理由だけでオーディオ事業部長への〝挑戦〟を決めた訳ではないんです。僕の方には挑戦せざるを得ない事情があった。

というのは、当時のソニーで文系の花形部署というのは、「外国部」「財務部」「業務部」だったのです。ところが、そこにいる社員を見回すと、多くが東京大学やアメリカのMBAの出身者だった。さすがに優秀な人間が揃っていました。

中には嫌みな人がいて、自分のデスクの上にアメリカのMBAの修了証明書を飾っているのがいた。そんな連中がゴロゴロしていました。

僕は思ったんですよ。こんな奴らには太刀打ちできないなと。

ソニーが技術者集団であることはわかっていて入社したんですが、理科系の専門用語などは知っていて当然という雰囲気で、「それ、なんですか？」なんて訊こうものなら、返ってくるのは答えではなく、侮蔑的な視線というような感じでした。強烈な疎外感を抱いていました。

だから、僕は他の部署でキャリアを積んで自分を輝かせるしかなかったんです。その挑戦が、文系で初めて理系の牙城だった事業部の事業部長に手を挙げることだった。このとき僕はこう思いました。

「少々の勇気を出せば、サラリーマン出井伸之が今まで見ていた風景を変えられる」

社内ベンチャーを興すつもりで、不調の部署に行って、新たな挑戦をすれば、自分の居場所を作れると考えたのです。この体験は、その後のサラリーマン人生に決定的な影響を与えました。

もし今働いている場所に自分の居場所がないと感じたのなら、自分が輝ける場所を社内で探し、そこで社内ベンチャーを興すつもりで仕事に取り組むというのは、社内での挑戦の一つの形になると思います。年齢なんて関係ありません。いや、むしろ定年間際であれば、リスクなんて何にもないわけですから、最後に一花咲かそうと一踏ん張りしてもいいのではないでしょうか。サラリーマンだからこそ、思い切った挑戦ができるのですから。

他社と交流して自分の価値を上げる

文系初のオーディオ事業部長として、CDの開発に携わったのは、僕にとって初の〝デジタル体験〟となり、他の社員が持っていない知識と人脈を広げるきっかけになりました。CDを作るにはLSI（大規模集積回路）が必要でしたが、当時、ソニーでは作れなかったのです。それで、富士通にLSIの設計をお願いしに行きました。

このとき、数多くの富士通の技術者と知り合い、「やはり会社によって技術者のメンタリティは違うもんだな」と感じました。松下電器（現パナソニック）の技術者たちとも、このCD開発を通じて知り合いました。

CDは規格製品ですから、どの会社が作ったCDであっても、どのメーカーの「CDプレーヤー」であっても、ちゃんと音が出ないといけません。

このとき、僕はこう考えていました。

「CDで新たな市場を立ち上げて、ソニーはマーケットシェアを半分取ろう。だけど、他社にも製品を作ってもらって、ソニーは他社に材料、部品を徹底的に売りまくろう」

僕の狙い通りで、ＣＤは世界中で大ヒットしました。他社からもＣＤプレーヤーが発売されたことで市場が拡大し、ソニーは部品を売ってさらに利益を得ることができたのです。

事業として成功しただけでなく、僕にとって大きかったのは、僕のような文系の人間がそれまで決して付き合ったことがなかった大手電機メーカーの技術者たちと親しくなれて、意見交換をしたり、他社からソニーがどう見られているかを知ったり、考え方の違いに驚いたり、人脈や見聞を広められたことで、本当に勉強になりました。

松下電器から学んだこと

当時、ソニーから見たら松下電器や富士通という会社は、ソニーとは比べ物にならないくらい大きな会社でした。ソニーが何となくライバルだと思っていたのは、パイオニアやビクターなどの音響機器メーカーで、まだそういう時代だったんです。

僕は個人的には松下幸之助さんをとても尊敬していたから、松下電器の研究を随分としました。松下電器はご存じの通り、松下幸之助さんという稀代の経営の天才が戦前に立ち上げた会社で、ソニーから見たら大先輩の会社です。僕はソニーに入社する前から、なぜ松下電器がこれほどまでに成長したのか非常に興味を持っていました。

事業部制などの組織がなぜ可能だったのか？　労働組合対策がどうしてあれほど上手だったのか？　人事、経理の制度までとことん研究をしました。そこから僕が出したのは、「すべてにおいてソニーは松下電器に劣っている」という結論でした。だけど、ソニーは若い盛田昭夫さんと偉大な研究家、井深大さんが率いる面白大好き集団で、松下電器に劣ってはいたけど、他社ではできないことができる会社だと改めて思いました。

横のつながりの重要性

大手電機メーカーの人たちは面白い人が多かった。サラリーマンとしては、他社の社員の方々は、江戸時代で言うなら〝他藩〟の人たちで、本当に宇宙人のように見えました。まあ、向こうも僕を見て、そう思ったでしょうね。なにしろ、ソニーの代表として出てきたのが文系の僕ですから。

こうした他社の社員と交流を持つというのは、越境の一種でもあり、自分たちを客観的に見る、あるいは、後ほど詳しくお話ししますが、「自分のバリューを測る」という意味でも、とても良かったと思います。

富士通にはＬＳＩ（大規模集積回路）の開発を頼んでいたこともありますが、何が気に入られたのかわかりませんが、大変よくしていただきました。

ＣＤの後に「レーザーディスク」の開発が始まると、ＣＤ開発の頃から付き合いがあったシャープの技術者や研究所にもいろいろとお世話になりました。

会社にいると、どうしても社内の上司や部下など〝縦〟ばかり意識するのですが、サラリーマンにとっては〝横〟のつながりがいかに重要かをこのときに教えてもらいましたし、後に社長になったときに、こうした人脈に僕は助けられて、改めて〝横〟の人脈の大切さを実感しました。

コロナだからこそ横の関係を

僕が社長になった25年くらい前とは、今は働く環境が１８０度変わっていて、特にコロナ禍という特殊な状況で、ホワイトカラーの人たちにはテレワークが導入され、成果主義の傾向が強まっています。その分、同じ部署内での人間関係が希薄になり、自由な時間も増えています。SNSでさまざまな人とのつながりも生まれています。僕が経験したような〝横〟のつながりを持ちやすい環境になっているのではないでしょうか。

だから、コロナ禍を逆手に取って、〝横〟の関係を広げていくといいと思います。会社内での人間関係ももちろん、大事ですが、それだけに狭めて、社内人事の話ばかりしていると、知らず知らずの内に、サラリーマンは〝タコツボ〟にはまってしまうのです。僕は社長に就任してからも、日立、東芝、松下電器、シャープ、富士通、サムスンなど、他社のトップマネジメントの方々とお互いに部品の売買の相手企業として一社ごとに懇親会を開きました。こうした人たちは、外部の〝目〟として、自分たちの姿を映し出してくれるのです。

仮に今の会社を辞めて独立したり他の会社に移ったりしたときに助けてくれるのも、横のつながりです。僕が今の会社をつくるときも、さまざまな他社・他業種の人たちが助けてくれました。そのためにも、今から横のつながりを培っておくべきだと思います。

コンピュータなんてすぐに作れる

ＣＤの開発が終わった後、こんな出来事がありました。僕はＣＤのセールスのため、大阪にある家電量販店を訪問したら、「お宅のボスが来ていますよ」とお店の人に言われました。

見ると、当時ソニーの会長だった盛田さんが、量販店の偉い人に責められているんですよ。そばに行ってどんな話かを聞いてみたら、

「なぜソニーはコンピュータをやらないのか？　ソニーこそやるべきじゃないのか？　やらないのはおかしい」

とまくし立てられていました。その様子は今思い出しても噴き出すくらいに面白かった。見るに見かねて、僕は助け船を出しました。

「いやあ、コンピュータなんて、作るのは簡単ですよ。ソニーがやれば、すぐにできます」

と言ってのけたんです。

盛田さんは、突然、出井が現われて、「コンピュータなんて簡単だ」と、いつもの調子

で話し出したから、心底、驚いたような表情で僕の方をまじまじと見ました。

「こいつ、また千三つか？」

そんな顔でした。その表情を思い出すと、今も懐かしい気持ちでいっぱいになります。

挑戦のタネはいくらでもある

だけど、僕はいい加減な軽口を叩いたわけではありません。実際にソニーでは、コンピュータの開発を進行させていました。だから、僕の言葉にはちゃんとした裏付けがあったのです。

ところが、後日、僕は経営会議に呼ばれそこで盛田さんに、

「コンピュータをやってくれ。簡単にできるんだろ？」と言われました。

この一言で、僕の新たな肩書きが「コンピュータ事業部長」に決まりました。

まだソニーが小さな会社だったからこうしたことが許された。常にサラリーマンとしての冒険のタネ、挑戦のチャンスがゴロゴロしていた会社だったとも言えます。

自ら手を挙げてオーディオ事業部長になり、その後、上からの命令でコンピュータ事業

部長になったわけですが、いずれにせよ、文系の社員が、こうした越境をしたからこそ、新しい分野に挑戦でき、サラリーマンとしての幅を広げることができたと思います。それはそのまま、サラリーマンとして自分の間口を広げ、引き出しを増やすことにつながってきたと思います。

簡単に辞めてはいけない

僕は69歳で「クオンタムリープ」という、ベンチャーを手助けする会社を立ち上げましたが、サラリーマン時代の経験があるからこそ、84歳になった今も、こうした仕事を続けることができているのです。

先ほど、「起業したい」という若い社員に対して、「君は外の世界を知らないウサギだ」「もう少しソニーで頑張れ」と引き留めるという話をしましたが、僕の言う「会社の中で頑張れ」というのは、別に「定年で退職金をもらうまで会社に居座れ」とか、「年功序列にしがみついて生きていけ」といった意味ではありません。

サラリーマンの中には実際にそういう人がいるのは事実ですが、僕流に言えば、サラリーマンこそ〝冒険者〟になれるし、会社こそ〝挑戦できる場〟だということです。

会社にはたくさんの部署があります。人事に配属されてそれが自分に向いていないと思ったら、営業にトライしてみたらいいし、営業が向いていなければ、今度は総務ではどうかと。越境することで自身の引き出しは増えるし、仕事の幅も出てくる。今まで見えなかったものが見えてきたりもする。

ただ、自分の意志だけで、会社の中を自由に異動できるわけではありません。会社の中で越境して、冒険しようと思ったら、自分の〝バリュー（価値）〟を高めていく必要があります。

サラリーマンには、「ワーキング・クラス」と「クリエイティブ・クラス」の二つの階層があります。「ワーキング・クラス」とは、同じことを繰り返していく立場。「クリエイティブ・クラス」とは、何かの価値を生み出す立場。いくら順調に出世したとしても「ワーキング・クラス」のままでは自身のキャリアは広がっていかない可能性があります。なぜなら、「ワーキング・クラス」では、次から次へとかわりの人材が出てくるからです。

部長のその先、経営のステージとはまさに「クリエイティブ・クラス」です。となると、どこかで「ワーキング・クラス」から「クリエイティブ・クラス」に転換しないとなりません。だから、自分のバリューを常に意識し、それを高めるために何が必要なのかを考えることは非常に重要なことだと思います。

会社は可能性の宝庫

会社って、実は可能性の宝庫なんですね。皆どこかで、定年までのルートが決まっているのが会社員だと思っていますが、それは大きな間違い。会社員の社歴は〝ワン・アンド・オンリー（唯一無二）〟で、本人次第でいくらでも変わっていく。

ソニー時代、僕の秘書だった女性が諸般の事情で「会社を辞める」と言い出したことがあります。辞めるのはもったいないから、「今までとは関係のない部署で働いてみたら？」と提案して、彼女は「生産管理」に異動することになりました。しばらく経って、「どう？」と聞いてみたら、「こんな面白い仕事がソニーにもあったんですね」って、失礼なことを言うんです（笑）。彼女はその後、また秘書部に戻って、秘書のトップになりましたけどね。生産管理に精通している秘書ってカッコ良くないですか？

〝社内起業〟〝社内転職〟のススメ

会社は可能性の宝庫です。だから、どんどん手を挙げて越境すればいい。部署を替えて、新しい仕事に挑戦するのは、〝起業〟に近いと思いませんか。

今の会社を辞めて起業すれば、何もかもリスクを自分一人で背負わねばなりません。しかし、サラリーマンなら会社が楯になって守ってくれる。サラリーマンだからこそ冒険できるのです。さまざまな経験を積むことによって、自分のバリューを高めていくこともできるのです。サラリーマンは、冒険ができる素晴らしい職種なんですよ。

ずっとサラリーマンをしていると、自分がいる環境が当たり前になってしまって、気づかないものですが、大企業でサラリーマンというのは経済的にも法律的にも、ベンチャー企業にいたら得られないさまざまな恩恵を受けています。その恩恵を受けながら、ベンチャー起業家のように社内で起業する、あるいは社内で転職するというのは、ローリスクで大きなリターンを得られるということです。

だから、むしろ積極的に〝社内起業〟〝社内転職〟しないと損だと思います。50代、60

代でもまだ間に合います。この年代になると、サラリーマン人生の先が見えてきますが、見えてきたからこそ、一念発起して、レールからはずれてみてもいいのではないでしょうか。

勉強してすぐベテランの顔をする

盛田さんとのやり取りでこんな思い出があります。盛田さんの車に乗せてもらったときに、彼がこう言ったんですよ。

「俺がサラリーマンになっていたら、優秀なサラリーマンになっていただろう」

彼はもともと海軍の技術中尉で、終戦で軍が解体されたから、ソニー（東京通信工業）の創業に加わった創業者の一人で、いわゆる普通のサラリーマン経験がないのです。だけど、自分だったら優秀なサラリーマンになっていただろうと言う。

「なぜですか？」と聞いたら、彼はこんな言い方をしました。

「異動した先がどこの部署であっても、ものすごく勉強して、その部署にもう10年もいるようなベテランの顔を俺はできるからだ」

面白いことを言うなって思いました。そして、盛田さんはこう続けました。

「出井、新しい部署に行ったら、勉強して10年もいるような顔をしてろ」

「ものすごく勉強する」というのが肝ですが、社内でも社外でも、自信満々でいろということですね。それくらい勉強しろという意味でもある。越境すれば、自分では思ってもみなかったことが起きるものですが、うろたえずに、堂々としていることが大事です。自分のバリューというのは、自分で決めるのではなく、周りの人たちが評価して決めることです。不安そうにびくびくしている人より、虚勢を張ってでも、堂々としている人の方が、頼りにされます。

第2章 左遷だって自らの糧にできる

ときには強引さも必要

会社に勤めていると、ときに挫折や失敗をすることがあります。なかでも、左遷や不本意な異動、希望の役職に就けなかったことで腐ってしまう人は多いと思います。

それはすごくもったいないことです。かく言う僕はソニー時代、2回も左遷を経験しています。そのときのことを語るために、まずは少しだけ新入社員時代について触れておきます。

僕の場合、ソニーに入社する時点から、普通とは違っていました。

文系の僕がなぜソニーに入ったのかというと、きっかけは井深大さんの長女が成城学園の小学校で同級生だったからです。井深志津子さん、僕は「シーちゃん」って呼んでいました。

シーちゃんの縁があるから、僕は早稲田大学の4年の夏休みに、品川にあったソニーの本社を就職活動で訪ねたんです。若気の至りですが、とにかく行けば井深さんは会ってくれるだろうと思っていました。

けれども、当然のことながら井深さんが出てくるわけもなく、その代わりに人事部長が対応してくれた。その人事部長に向かって、僕は、本当に失礼なのですが、

「もっと偉い人に会いたいんですが」

と言ったら、なんと井深さんと盛田さんに面会することができました。

井深さんは、盛田さんと2人、机を並べて同じ部屋にいました。

「君はどんな仕事がしたいんだ」

こう聞かれたから、僕は素直にこんな風に答えました。井深さんには、「ソニーのトランジスタというものに魅力を感じました」と熱意を示し、盛田さんには、「ソニーはこれから海外に出ていく会社でしょうから、僕はヨーロッパの仕事をお手伝いしたい」と訴えました。

何が気に入られたのかはよくわかりませんが、すぐさま盛田さんがこう言ってくれました。

「わかった。明日から実習に来なさい」

こんな簡単なやり取りを経て、僕は大学4年生の夏休み、毎日、品川のソニー本社に通

いました。そして、翌年の春、そのままソニーに入社しました。

後に、僕はヨーロッパに赴任することになります。

ソニーに入社しようとしていることは、父には内緒でした。言えば反対されることがわかっていましたから。

井深さんは会社のお父さん

僕の父、盛之《せいし》は早稲田大学で教鞭を執る経済学者でした。早稲田で教える一方、東洋経済新報社の経済研究所の所長もしていました。また、ＩＬＯ（国際労働機関）の職員としてスイス・ジュネーブに赴任した経験も持っていました。

僕には16歳で夭逝した兄がいまして、飛び切り優秀だった兄への期待も愚弟にかけられ、父は僕を学者か外交官にしたいと思っていました。

しかし、僕は口にこそ出さなかったけれども、机にしがみつく経済ではなく、生きている経済、つまりビジネスの世界に飛び込みたかった。就職先の企業を探すときに、僕なりに父のツテを頼って東洋経済新報社の研究所を使わせてもらって企業研究をしたのですが、ソニーのことも分析したところ、「これはとてつもない成長企業だ」と僕なりに感じました。しかも、インターナショナルな視点を持っているという点にもものすごく引かれました。

僕がソニーに入社したのは、１９６０年。年商が80億円程度でした。上場して2年目でした。非常に大らかな時代でしたから、井深さんもいきなり押しかけてきた若造に会ってくれて、あっさり採用してくれました。ソニーに入ったのは井深さんのおかげだったから、井深さんはどこか会社でのお父さんのような存在でした。

盛田さんは兄貴分

盛田さんは兄貴分というか、井深さんとは違う近さがありました。金曜日の朝、突然、電話がかかってくるんですよ、盛田さんから。

「出井、明日ゴルフやるから時間を空けてくれ」

盛田さんはスキーやスキューバ、ウィンドサーフィンなどさまざまなスポーツをされる人で、ゴルフにはしょっちゅう誘われました。この頃はまだゴルフをやるサラリーマンは少なくて、特に僕みたいな若造でゴルフをする人間はほとんどいなかったのですね。

岩間さんには、井深さん、盛田さんとはまた違った方向で可愛がってもらった。岩間さんが周囲を説得してくれたおかげで、僕はオーディオ事業部長になれたという話をしましたが、それ以外にも岩間さんとのエピソードはいろいろあります。

一時期、岩間さんのスピーチの原稿を僕が書いていました。それで、スピーチの出来がいいと、岩間さんは代官山にある高級洋食レストラン『小川軒』に連れて行ってくれ、ごちそうしてくれました。

経営陣と若造が友だちみたいな付き合いをしているわけですから、社内で僕は目立っていたみたいです。懐かしい思い出です。

その国のインサイダーになれ

僕がまだ31歳で、入社して10年も経っていなかった頃の話です。

当時、社長だった盛田さんから突然、社長室に呼ばれました。行ってみると僕と並木政和さん、水嶋康雅さんの2人がすでに来ていた。何なんだろうか、と訝《いぶか》っているとやおら盛田さんが、

「並木はイギリス、水嶋はドイツ、出井、お前はフランス。3人で協力してそれぞれの場所に現地法人を作ってきなさい」

3人がそれぞれ指示された国に行って、現地法人を作ってこいと言うのです。本当に「えっ?」って感じですよ。僕はまだビジネス経験の少ない〝若造〟だったんですから。

でも、盛田さんは本気だった。盛田さんは、現地の代理店を通じてソニー製品を販売するのではなく、自社の販売会社から小売店に直接製品を売りたかった。そのためのソニー100%出資の現地販売会社を「お前たちが作ってこい」と言うのです。

しかし、入社10年未満の社員にすべてを任せるというんですから、盛田さんは肝が据わっていたなと今でも思っています。なかなかできることではない。他の会社なら、31歳の〝小僧〟にそんなチャンスなんてくれないでしょう。盛田昭夫という経営者の非凡さが表れています。

盛田さんは、敗戦からまだわずか14年しか経っていない昭和34年(1959年)に、家族を連れてアメリカに渡り、ニューヨークでの生活を始めています。ここには海外進出に対する盛田さんの考え方が表われていて、

「海外に進出するならば、その国のインサイダーにならなければダメだ。インサイダーになるには、まず現地法人を作って、その国の人を雇え。雇うからには一流の人間を雇え。だから、一流の人が来てくれるような会社を作らないとダメだ」

というものでした。

必死になれば泳ぎ方は覚えられる

海外法人を作るときも、その国のインサイダーになれという考え方が貫かれていました。なにしろ、僕なんて、フランスに行く時点で、ソニーを退社した扱いになりましたからね。うちの母から電話がかかってきて、「あなた、何か悪いことでもしたの？　退職金の積立が打ち切られているわよ」と言われて気づきました。

これには正直驚きました。ソニー本体を離れるわけですから、処遇としては正しいのかもしれませんが、会社の命令で海外に行くんですからね。退路を断つというか、「会社ってここまで追い立てるのか」と。いきなり海に放り出されたような気分でした。

でも、人間って不思議なもので、放り出されたら泳ぎ方を知らなくても必死に泳ごうとして、いつの間にか泳ぎ方を覚えるんですね。フランスでは、大学や大学院で学ぶ数百倍の経験をさせてもらった。ソニーの文系の花形部署は「外国部」「財務部」「業務部」で、東大卒やMBA卒ばかりだったとお話ししましたが、東大やMBAで学ぶことの何十倍も僕はパリで学んだと思います。これもサラリーマンだからこそ、できた経験です。会社だからこそ、大きな仕事を任される。自分で興したベンチャーだったら、絶対にそんな経験はできなかったでしょう。

盛田さんに説得された

僕はフランスへ行き、当時の販売代理店契約を解消し、会社を設立するという任務に就きました。しかし、現地法人を作るということは、日本から直接投資をすることになりますが、当時、フランス政府は日本からの直接投資を認めていませんでした。そこで、フランスの優秀な弁護士を連れて当局と交渉した結果、フランス資本と50:50の合弁企業なら認可するという見解を2年かかってなんとか引き出しました。

ところが、どこと合弁を組むかで、今度は僕と本社で揉めました。パリでは見解の相違で本社と対立することも珍しくなかったのです。

フランスの商習慣ではそれまでの販売代理店と契約を切るのは難しく、本社からは「それまでの販売代理店と合弁を作れ」という指示が来ていました。だけど、僕はその販売代理店には少々問題があると判断したので、できればニュートラルな立場の相手と組みたいと考えていました。

最終的には、僕は自分の意志を貫いて、従来の販売代理店との契約を切り、スエズ銀行（現クレディ・アグリコル）と合弁を組む契約をし、3年経ったらソニーが株式を買い取るということで合意しました。

ただ、自分の意見を押し通したことで、社内の誰かに睨まれたんでしょうね。会社側の意に反した契約を結んだとして、僕は半ば強制送還のようにしてフランスから帰国させられました。本社と決定的に対立したなかでの社命で、納得しないままの帰国でした。

実をいえば、合弁相手を探す過程でいくつかのフランスの金融機関を回るうちに、僕は金融にすっかり魅せられていました。ある銀行の入社試験も受け、ソニーを辞める気でいました。最終的には盛田さんに説得されて辞めなかったんですけどね。

絶対に愚痴は言わない

だけど、帰国した僕に待っていた辞令は、ソニー本体ではなくて、ソニーの国内営業を担当していた「ソニー商事」の横浜の物流センターへの出向でした。

「会社ってこういうことをする組織なのか」と大変勉強にはなりましたが、35歳でこれからというときですから、やはり、がっかりもしました。これでソニーでのサラリーマン人生は終わりかもと思って、フェアレディZを買って、物流センターに乗りつけて出社していました（笑）。

物流センターの横にソニーの中央研究所がありましたから、盛田さんや岩間さん、大賀さんたちが、研究所に来たときに僕の顔をのぞきに来るんですよ。「出井、元気か」と。

僕は出向の辞令を受けたときに、「なぜ自分が」と思ったけれども、それを顔や言葉に出したら終わりだと思ったから、絶対に愚痴は言わないと誓ったんです。サラリーマンで定年までずっと順風満帆なんてことはありません。必ず人格を試されるような出来事が起こります。逆に起きないとおかしい。

そのときに愚痴をぶちまけたり、不平不満ばかり口にしていたりすると、その後のサラリーマン人生は辛くなるだけです。

だから、盛田さんが来たときなどは、内心はもやもやしていましたが、

「いやー、物流がこんなに楽しいとは思わなかった。女の子たちに囲まれて、楽しいことばかりです」

と、ニッコリと笑いながら、答えていました（笑）。

実際に女子社員がたくさんいましたからね。女子社員の人たちが、本当に親切にしてくれました。この当時のメンバーで、今も年に一度は集まって旧交を温めています。それほど仲が良かった。だから、半分は本当です。

しかも、実際に勉強になったんです。物流の仕事は初めての経験でした。傍《はた》から見たら、物流は単純で地味な仕事に見えますが、いくら井深さんがいいものを開発しても、物流がなければ、お客様のところに製品は届きません。お客様のところに迅速に間違いなく製品を届けることで、ソニーという会社を支えているのです。また、本社とつながる大型の業務用コンピュータに初めて接したのもこの時代でした。他の部門よりもいち早くコンピュ

ータを物流管理に使っていたのです。

学ぶ気があれば、左遷もまた楽し

こんな単純なことを僕はこの現場で初めて知りました。ここに来なければ、一生そんなことさえ知らずにサラリーマン人生を終えていたでしょう。ロジスティクスの重要さを理解したという意味では、大変勉強になりました。

この後、先にもお話ししたようにオーディオやコンピュータなど事業部長をいくつかやりましたが、ここで会社全体の仕組みを学んだことはとても役に立ちました。異動先で積極的に「学ぼう」という気持ちがあれば、左遷もまた楽しいものです。

実は、つい最近になって、妻がこの頃のあるエピソードを打ち明けてくれたんです。もう50年近く前の話で、化石みたいなものです。それをなぜ今まで黙っていたのか、よくわからないのですが……。

妻によれば、パリから帰国した直後に、盛田さんに呼ばれたそうです。盛田さんに「くれぐれも出井には言うな」と念を押されながら会いに行くと、こう言われたそうです。

「今度の人事で、出井は会社を辞めると言い出すから、引き止めて欲しい」

妻と昔話をしていて、「そういえば」と出てきた秘話で、今となっては、

「へー、そうだったの？」

と答えるしかありませんでした。盛田さんは、僕が左遷されて会社を辞めてしまうのではないかと思っていたんだなと。

この話をすると、みんな「いずれ本社に戻すつもりだったんですね」とか、「盛田さんは出井さんを評価していたんですね」とか言って、「いい話じゃないですか」と言うんだけど、僕からすると、何も悪いことをした覚えはないのに左遷されて、当時は本当に辞めるかどうかで真剣に悩んでいた時期だったので、複雑な思いが渦巻いて、「ふ〜ん」としか思わない（笑）。

実際には物流の仕事をしていて楽しいと思ったのも事実で、「左遷もまた楽し」ですよ。サラリーマンにとって異動は宿命です。自らの意志で〝社内転職〟するのはもちろんですが、意にそぐわない部署への異動でも、学びはあるのです。楽しいと思って取り組む方が、得るものははるかに大きい。

今でも「親会社が上で、子会社が下」といった古くさい考え方をする人は少なくないと思います。

実際に、僕もソニー商事への出向にはがっくりきたし、その後、子会社から親会社に戻ったんですが、今思えば、子会社では大きな学びがあったし、その経験が後々すごく役に立ちました。

これからの新しいサラリーマンにとっては親会社も子会社もありません。子会社でなければ学べないことはたくさんあり、そこで何を学ぶか、学ぶことで自分のバリューをどう高められるかを考えることが大事だと思います。

大賀さんと言い合いに

2回目の左遷は、コンピュータ事業部長をやった後で、もう45～46歳になっていました。このときは肩書きもすべて取られてしまい、机を一つ与えられただけだった。3か月くらいでしょうか。まったく仕事も与えられず、まるで追い出し部屋みたいな感じだった。3か月間、まったく仕事がないというのは長いですよ。こんな僕でも本当に辛かった。

この左遷を指示したのは、大賀さんでした。大賀さんとはずっと因縁があるんです。この左遷を指示したのが大賀さん、僕を社長に指名したのも大賀さんなんです。「僕と大賀さんとは前世からの因縁があるんだ」と周囲には笑いながら話していた時期もありました。だけど、大賀さんとは直属の上司・部下で働いたこともないし、意見は合わないどころか、いつも、いい意味での論争、平たくいうと〝言い合い〟ばかりしていました。また、僕の提案などはおそらく、一度も取り上げてもらったことはないと思います。

2回左遷されても諦めない

なぜ左遷されたのかというと、コンピュータ事業部長をしていたときの出来事がきっかけです。コンピュータ事業部は厚木のテクノロジーセンターが拠点なんですが、そこは大賀さんのライバルの副社長が管轄する部署でした。

ある日、大賀さんとの会話のなかで、

「出井は、大賀につくのか、厚木のボスにつくのか」

と訊かれて、僕は厚木にいましたから、

「厚木のボスにつきます」

と、正直に答えたわけです。サラリーマンとしては、そう言わざるを得ない。直接的なボスで、今、世話になっているんですから。それも雑談のなかでの戯言みたいなものです。ところが、それが大賀さんの逆鱗《げきりん》に触れてしまったらしい。他に理由が考えられないのです。それが大きな原因で飛ばされたというか、肩書きも仕事も剝奪されてしまった。

そういう大人げのなさも大賀さんの魅力ではあるのですが（笑）、そのときは「えっ？」って感じでした。まさかこんなことが起きるなんてと。突然、役職を解くって言われて、一体、何が起きているのかがまったくわからないんですから。

初めは相当にショックでした。サラリーマンを辞めなさいって言われているみたいなものですからね。途中から「どうせ数か月だろう」と高を括ったけれども、そういう境地になるまでは、かなり深刻に受け止めていました。それでも、自分から諦めてなるものか、とは思っていました。

これほど派手に飛ばされる社員は珍しかったので、社内ではみんな「出井が飛ばされた」と知っていました。３か月くらいで異動になり、レーザーディスクの開発に携わることになりましたが。

「消去法」での社長就任

だから、なぜ大賀さんが僕を社長に指名したのか、当時はよくわからなかったんです。大賀さん自身も、僕を社長に指名することに相当苦悩したようです。僕の社長就任が臨時取締役会で決定された後の記者会見に、大賀さんの苦悩がよく現われていた。僕の社長就任が決して満場一致のウエルカムではなかったことも、はっきりとわかった会見でした。

会見で、僕を社長に選んだ理由を問われた大賀さんは、

「消去法です」

とはっきり答えていました。

「出井君一人で社長ができるとは思っていない」

とも述べ、集団指導体制になることを示唆していました。

説明する大賀さんの苦しそうな表情がすべてを物語っていましたが、このことからも僕の社長就任には、社内外に反発があったことがはっきりと見て取れました。

ソニーは、ハイレベルな技術者が集まるエンジニア集団で、当然、エンジニアに重きを置かれていた会社です。当時は文系なんて、麻雀の手配で言う〝端牌《はじぱい》（切り捨て候補）〟みたいなものだったんですよ。

僕ほど上司から「お前なんかクビだ」と言われた社員はいないと思います。我ながら、よく言われたものだと呆れます。実は大賀さんからも言われたこともありました。

後に大賀さんはご自身の著書『ＳＯＮＹの旋律』（日本経済新聞社）の中で、僕を「消去法で選んだ」と答えた意味をこう説明しています。

「私がソニーの社長に必要な条件として挙げた項目をクリアできない人を順番に消していったら、最後に出井さんが残ったという意味である」

また、大賀さんは、もしかしたら出井ならば必要なものを持っているかもしれないと、僕の「未来を買った」と『ソニー　ドリーム・キッズの伝説』（ジョン・ネイスン著　文芸春秋）の中のインタビューで語っています。

事業が多岐にわたるソニーのような複雑な会社をやれるのはどういう人間だろうかと考えたとき、当時のソニーが踏み出すべきコンピュータやデジタル技術、映画などの新しい事業分野における僕の経験や、ソニーのブランド価値への理解を買ってくださったようです。

腐らないことが大切

ある人から言われました。

「出井さんはソニーで良かったですね。松下（電器）だったら、出井さんは絶対に社長になっていませんよ。これは断言できます」

これは褒め言葉と受け取っていますが、ある意味、正しい見方だと思います。

僕は大賀さんの記者会見を複雑な心境で聞いていました。僕は社長になることなんて、別に望んでいなかったからです。

社長になりたいと切望して実現したのなら、「消去法」だの「一人では無理」だの言われても、我慢して聞きますが、そうではないですからね。「少しは褒めてくれよ」なんて、心の中で思いながら会見の一問一答を聞いていました（笑）。

2回も左遷されて、上司からしょっちゅう「クビだ」と言われながらでも、腐らずに自分のバリューを高めていけば、うっかり、社長になってしまうこともあるわけです（笑）。

社内の評価がすべてではない

左遷はサラリーマン人生には付き物です。場合によっては、仕えた上司の派閥のトップが社長レースで負けたとたんに、その〝ライン〟全員が飛ばされることもあります。左遷されれば、サラリーマン人生が終わったような気がしてがっかりするものです。僕もその気持ちはよくわかります。

しかし、こうした左遷というのは、〝ある人〟の自分への評価に過ぎません。それが自分への評価のすべてかというと、決してそうではないのです。さまざまな人間関係やそのときどきの状況によって、ある特定の人が判断を下したわけですが、常に自分のバリューを相対的に見ていれば、会社での評価で一喜一憂することはなくなります。

今は違いますが、当時はソニーという会社にいると、やはり文系の社員より、技術系の社員の方が高く評価されていました。もし国内の特定の部署にずっと居続けて、外の世界を知らないままなら、技術系社員の方が上というのが当たり前になり、疑問を持たなくなったでしょう。

だけど、僕は欧州に赴任したことで、その呪縛から逃れることができました。他の社員らが会社からどう評価されるのかを観察できましたし、同時に、欧州の社員らは、積極的に他社の人事担当に接触しては、自分の評価を訊いていることを知りました。

自分の評価を相対化する

実際に僕は、前述のようにフランス赴任中に、金融の世界に魅力を感じて、ある金融会社の採用試験を受けました。自分が思っていたよりも評価が高く、驚いた経験があります。人材の価値というのは商品と同じで、需要と供給で決まります。この会社では文系社員の評価が低いけれども、他の会社では高くなるということは、十分ありうることです。

こうした〝自分の評価を相対化〟する思考を身につけていたから、左遷されたときに、落胆はしたけれども、自分自身への評価に自信を持ち、仕事へのモチベーションを保つことができたのです。自分のバリューを上げてきたから、極端な話、どの会社でも通用すると心のどこかで思っていました。

どのラインに乗っているかとか、派閥がどうだとかいうのは、社内だけの話に過ぎません。外に出れば関係ない。それよりも、どれだけ市場で自分が評価されているかを気にし、マーケットでの自分のバリューを上げることを考えた方がいい。

だから、僕は左遷も歓迎で、普通では知ることのできない会社の仕組みを知ることができたし、それも自分のバリューを上げるのに寄与したと思っています。

肩書きよりも自分のバリュー

こう考えると肩書きにこだわるのも馬鹿らしくなります。大事なのは肩書きよりも、自分の市場価値です。もう肩書きで生きる時代ではありません。

コロナ禍はまだまだ続くかもしれません。そうなれば、ホワイトカラーの場合、多くの企業でテレワークが主体になり、成果給や能力給にシフトせざるを得なくなります。会社に集まらなくなれば、自然に社内の人間関係は希薄になっていきます。肩書きよりも、個人の素の能力、自分のバリューを高めた人が有利な時代になるということです。

年齢も関係ありません。市場価値を高める努力をしてきた人は、何歳であっても、その能力を必要とする会社から引き合いがあります。これからはそうなります。

だから、自分の能力を高めること、経験を積み、自分のフィールドを広げることが大事で、そのためにはどんどん越境した方がいい。親会社か子会社か、大企業か中小企業かも関係ありません。自分のバリューが認められて、輝いて働けるなら、どこだって構わないじゃないですか。

路線バスよりタクシーの運転手

岩間さんが社長のときにこんなことがありました。

「出井、そろそろ本社に戻ってきてくれ」

と言われたのですが、僕は、

「いや、結構です」

と即座に断りました。

さすがに岩間さんも、まさか僕が「嫌だ」と即答するとは思わなかったようで、しばらくぽかんと言葉を失っていましたね。

子会社から本社に戻れというのですから、サラリーマン的には、断る理由はないように思えますよね。だけど、僕は断った。

なぜかというと、その時点で本社に戻ると自分のバリューを高めることができなくなると思ったからなんです。技術やものづくりから離れるのが嫌だったんです。ここでもう少し勉強したいと思った。

岩間さんにはこんな説明をしました。

「岩間さん、本社の仕事って路線バスの運転手みたいなもので、決まった仕事しかできないでしょう？　僕はまだどこに行くかわからないタクシー運転手でいたいんです」

岩間さんは、

「う〜ん、そうなのか。お前、面白いこと言うな」

と唸ってました。それは、そうですよね。特に岩間さんは僕に目をかけてくれていたから、「本社に戻ってこい」って言ったら、喜んで帰って来ると思っていたでしょう。岩間さんからすれば、僕へのプレゼントくらいに思っていたかもしれない。でも、僕は「NO」と言ったわけですから、驚きもするし、がっかりもしたと思います。けれども、最後は納得してくれました。

自分の〝個〟を磨き上げる

たぶん、普通の会社ならこうはいかないと思います。自分のバリューにこだわることができたのは、やはり当時のソニーは中途入社の社員が多い会社だったからという背景もあると思います。

新卒入社はその人の将来性を買うわけですが、中途入社というのは、その人の〝能力〟を買うわけです。ソニーでは、中途入社の採用が非常に盛んで、新卒だろうと中途だろうと、〝個〟を尊重していたし、学歴よりも能力を評価していました。

だから、岩間さんもせっかくのオファーを僕に断られて、ムッとしたかもしれませんが、僕の〝個〟を尊重してくれたし、僕の〝能力〟を高めたいという考えを尊重してくれたのです。

もっとも、僕はソニーの上の人たちからは、何でもかんでも〝異論〟を唱えるから、〝取締役〟ならぬ〝異論役〟と呼ばれていました（笑）。

会議などで僕がたまたま皆と同じ意見であったり、同じ妥協案を提案したりすると、大賀さんがものすごい不満顔になって、こう言ったものです。

「一体何のために君を呼んだと思っているんだ？　我々の考えを否定してもらうために呼んだんだよ。なんでみんなと同じ意見なの？」

皆が気づいていない問題点を指摘して反対意見を言うことで、議論に深みを与えるのが、僕の役割でした。それが僕の〝個〟であり、評価されていた点だと思います。

これからはますます〝個〟の時代になります。ラインにいれば安心などということはありません。会社で自分のバリューを高めていった人は、定年を越えても、働く場は見つかります。

第3章

変化の兆しをつかまえよう

時代が大きく変わった年

僕がソニーの社長になったのは、戦後50年の節目にあたる1995年でした。時代が大きく変わった年でした。

阪神・淡路大震災が起き、狂信的な宗教団体が地下鉄サリン事件を起こした年です。この年には、大蔵省スキャンダルもあって、戦後の官僚システムが著しく劣化していることを感じさせました。

バブル崩壊で日本経済には暗雲が垂れ込めていました。本当に時代が大きなうねりを起こそうとしていた年でした。この年に僕はソニーの社長に抜擢されました。

当時、エレクトロニクス事業の売上は伸び悩み、米国でのエンタテインメント事業への投資が増大し、その償却が追いつかず、ソニーはキャッシュフローが回らない状況に陥っていました。

かつてはソニーの独擅場だった家庭用ビデオでは、シャープの「液晶ビューカム」に市場を席巻され、マスコミには「ソニー神話崩壊」とも書きたてられていました。

非常に厳しい状況でしたが、そもそも僕は自分が社長になるなんてこれっぽっちも思っていなかったから、「次の社長は大変だな」なんて他人事《ひとごと》のように見ていました。

だから、青天の霹靂《へきれき》といいますか、忘れもしない1995年1月17日、大賀さんから社長室に呼ばれて、指を差されて「後継者は君だ」と言われたときも、

「冗談でしょう？　社長なんてできるわけありませんよ」

と言って部屋を出ていってしまったほどです。本当の話です。

この日は阪神・淡路大震災が起きた日で、僕は、娘が結婚するので最後の家族旅行にと熱海に滞在していたのですが、地震の影響で電車がストップして、電話も通じないし、何時間もかかって東京まで帰って来たのを覚えています。会社に出勤したら「4月1日からお前が社長だ」と言われて、ひっくり返ったわけです。

ハイリスク、ハイリターン

大賀さんの言葉は冗談ではなく、いつのまにか外堀を埋められるようにして、社長を引き受けざるを得なくなった。だから、抵抗を諦めて、今度は僕の方から大賀さんに条件を

出したんです。

「では、5年間だけやらせてもらいます。その間、成果報酬の契約にしてください」

さきほど説明したように、当時のソニーの経営状態は出口が見えないような状況だっただけに、僕としては欧米の経営者のようにハイリスク、ハイリターンのインセンティブ契約を真剣に考えていました。

だから、大賀さんにそう伝えたつもりですが、今度は大賀さんの方が、出井は冗談を言っていると思ったようで、無視されてしまったんですけどね（笑）。

世界はどこへ向かうのか

僕の社長就任の発表に対する当時のメディアの報道は、

「上席役員14人を飛び越えて社長就任」

という点にばかり焦点が当たっていて、僕がソニーをどういう会社にしようと考えているかについては、ほとんど報じられなかったようです。

「自分は社長の器ではない」とは思っていましたが、社長になる前の頃はソニーの将来を心配していて、「世界はどこへ向かうのか」「ソニーはどうすれば生き残れるのか」を真剣に考えていた時期でもありました。

それは1993年のある体験が余りに鮮烈だったからです。

この年の12月に、アメリカのクリントン政権のアル・ゴア副大統領はシリコンバレーである発表をします。全米を情報ネットワークでつなぐ「情報スーパーハイウェイ構想」です。

当時、僕は部下数名と発表の現場にいました。ゴア副大統領が語った話は衝撃的でした。全米を情報ネットワークでつなぐというけれども、それは明らかに世界中をつなぐことを意味していました。

会場ではゴア副大統領が、

「この会場の中でインターネットを使っている人はどれくらいいるのかな？　手を挙げてみて」

と呼びかける一幕がありましたが、5人に1人くらいの人が手を挙げる程度でした。当時、僕もインターネットは使っていませんでした。ソニーではエンジニアの一部が使っているだけという、そんな時代でした。

このままだとソニーは恐竜になる

先にも触れた通り、僕は文系出身ですが、自分で手を挙げて技術系の牙城だったオーディオ事業部長をやり、その後にはコンピュータ事業部長も経験しました。文系ではあったけれども、CDやコンピュータ（MSX）の開発を手がけて、デジタルを体験していました。

当時のデジタルは最先端技術でしたから、今までのアナログ時代の技術者たちも初めて学ぶことになり、デジタル時代の技術にアナログ時代のアドバンテージはあまり通用しませんでした。だから、文系の僕でも、アナログの技術者たちと一緒にゼロから学ぶことができたのですが、逆にソニーという会社の単位で考えると、長年にわたって蓄積してきたアナログ技術が無駄になってしまう可能性があるのです。デジタルの時代になると、ソニーの持っていたアドバンテージが失われてしまうかもしれない。

だから、ゴア副大統領が提唱した〝デジタル通信網〟の発想は凄いと思ったし、ソニーにとっては本当に巨大な〝隕石〟が落ちてきたと思った。それほど衝撃的でした。

ゴア副大統領のスピーチを聞いて、僕は興奮して思わず、

「このままだと、ソニーは隕石で滅んだ恐竜みたいになるぞ」
と呻《うめ》いたことをはっきり覚えています。メキシコのユカタン半島に落ちた巨大隕石で恐竜が絶滅したのを頭に思い浮かべていました。

恐竜にならないために

帰国してすぐ、社長（当時）の大賀さんに、たった2枚ですが、「スーパーハイウェイへのソニーの対応」というタイトルのレポートを提出しました。ここには「ソニーも変化しなければ、消滅します」と書きました。

当時、僕は事業部長を卒業し、コーポレートコミュニケーションという新しい考え方をソニーに導入し、ブランド構築から広報、宣伝、デザインまで幅が広い領域を統合して見ていました。

それだけにこれからのメディアがどうなっていくのかに関心があり、社員10人くらいに集まってもらってシンクタンクのようなものも作っていた。そこでの議論の中から、「メディアは、現在の一方通行的なものから双方向的なものに変わっていくのではないか」といった予測レポートも出していました。

そうした矢先に出てきたのが、ゴア副大統領の「情報スーパーハイウェイ構想」だったのです。

ゴア副大統領の構想発表に衝撃を受けて、大賀さんや専務の伊庭《いば》保《たもつ》さん宛に提出した2枚のレポートで、僕はこう書いています。

一、21世紀初頭、ネットワークを利用した巨大企業が出現可能になる。
二、通信インフラを利用したビジネス統合者が成長する。
三、メディアは、一方通行のマスメディアからパーソナルメディア（対話のメディア）に。

当時からインターネットがつくるメディアの本質をすでに見抜いていたと言えます。

〝有形資産〟から〝無形資産〟の時代へ

この報告に先立つことおよそ半年前の1993年6月には、「今後の10年に向けて」というレポートも出していました。

これは先のレポートよりも、もっと個別に具体的な話を提言としてまとめたもので、提言は3つありました。

1つ目は、ソニーの財務に関してです。

当時、ソニーの事業は大きく4つの部門に分かれていました。「エレクトロニクス」「映画」「音楽」そして「保険」。この形態もビジネススタイルもまったく違う4つの会計を「エレクトロニクス」の会計で一括にするには、もう限界まで来ていました。そこで、評価の物差しが異なる4つの事業に対し、それぞれ実態に即した評価をし、それに沿った会計に改めるべきであると。そのために、新しい利益指標である「EBITDA（金利・税金・償却前利益）」と新しい経営指標である「EVA（経済的付加価値）」の導入を提唱しました。

2つ目は、「エレクトロニクス」分野の再編成案でした。

経済環境の変化、技術環境の変化、そして何よりもデジタル技術の勃興は、産業全般を再編成させてしまうのではないかというほどのインパクトがあります。そうした状況を踏まえて、エレクトロニクス部門を、成熟した旧来の「AV産業」と、急成長が見込まれる

「コンピュータ」「通信」に分割するという提言をしました。

そして、3つ目が通信・放送・出版事業への進出です。「エレクトロニクス」と「エンタテインメント（映画、音楽）」の2つに加えて、「放送、通信、出版」の事業を手掛け、ソニーを大きな3つの柱で支えるという提言でした。

今、読み返しても、どれも大胆な提言だったし、間違っていなかったと思っています。社長に就任した当時、常に意識していたのは、インターネットの時代、デジタルの時代に一体何が起こるか？　ということです。それは、〝有形資産〟から〝無形資産〟の時代に移行することを意味していました。

〝無形資産〟の時代とは何か

今のGAFAを見てもそうですが、工場や店舗を持っているわけではありません。彼らが持っているのは、「特許」「ビッグデータ」「情報」「ブランド」「研究開発」「アルゴリズム」……、こういったまさに無形資産です。

有形資産の時代には多大な資本が必要でしたが、無形資産の時代になると、それほど資本は必要でなくなってきます。いわば、〝資本のない資本主義〟と呼べるものでしょう。

僕が社長に就任した1995年の株式の時価総額世界ランキングの上位には、「AT&T」「エクソン」「ゼネラル・エレクトリック」といった有形資産を多く持つ企業の名前が並んでいました。なんと世界の時価総額の第2位には日本の「NTT」が入り、「トヨタ」も8位に名を連ねていました。

しかし、2021年11月末の時価総額世界ランキングで上位の企業はどこかと言えば、「アップル」「マイクロソフト」「アルファベット（グーグルの持ち株会社）」「アマゾン・ドット・コム」といった無形資産中心の企業の名前が上位を占め、25年前にトップ10にいた企業は一つもありません。有形資産から無形資産の時代に移行したのです。

ちなみに50位以内では、日本企業としては「トヨタ」が40位に顔を見せるのみで、日本企業の凋落《ちょうらく》を今さらながら思い知らされます。

社員の意識を変える戦い

僕は社長就任当時、インターネットの勃興、デジタル時代の到来から、いずれ経済の主流は無形資産の企業に移ると思っていました。だから、「製造業のソニー」を「無形資産のソニー」に転換しようと考えていました。僕の社長時代の10年間はその戦いだったと言えます。

僕の若い友人の一人に、個人向けに家計・資産管理を手軽に行えるアプリや、法人向けにクラウドサービスを提供する会社「マネーフォワード」を起業した辻庸介《つじようすけ》さんがいます。彼はもともと、僕が社長を務めていた時代にソニーに入社した元社員です。その後、やはり僕の社長時代に、ソニーと松本大《おおき》さん（当時、ゴールドマン・サックスパートナー）が共同出資して作った「マネックス証券」に出向し、留学を経て、「マネーフォワード」を起業しました。

その辻さんがソニー入社当時のこんな話をしてくれました。

入社式で僕は、新入社員に向けて、

「ソニーはこれからデジタルの会社になる、インターネットの会社になる、コンテンツの会社になる」

と話しました。このメッセージに辻さんは素直に感動したそうです。

そして、入社後、配属された部署で上司にこう言ったそうです。

「ソニーは変わるんですね。デジタルやインターネットの会社になるなんて、本当にソニーを選んで良かったです」

しかし、上司の口からは意外な言葉が出てきたそうです。

「何を言ってるんだ、お前は。うち（ソニー）は、製造業なんだよ。インターネットの会社なんかじゃないんだよ。社長（出井）なんてすぐに替わるんだよ」

なんとも率直な意見でした（笑）。こういう意見を自由に言えるところが、ソニーという会社の良さです。

なぜ辻さんのこうした体験を紹介したかというと、当時の空気が伝わってくるからです。社長が表明した方針を社員が全否定しているわけですが、おそらくは多くの社員が同じように考えていたのだろうと思います。

前述したＥＢＩＴＤＡやＥＶＡなどの導入も、どれだけの人がその必要性を理解したか不明です。いまだに多くの人は原価率の世界に意識は留まっているのではないでしょうか。日本において、資本コストの概念が著しく希薄だと思います。

なぜ盛田さんは映画に飛び込んだのか

僕の戦いは、社員の意識を変える戦いでもありました。周りからは「10年早い」と言われ続けてきましたが、ソニーはこうした大きな変化を受容できるというか、面白がれる会社だと思っていました。

僕がそう思ったのは、やはり強烈な〝盛田体験〟があったからだと思います。

大げさな言い方ですが、今から思えば、1980年代は盛田昭夫の時代だった。間違いなく盛田さんは時代の華でした。

盛田さんは、1989年に米コロンビア・ピクチャーズの買収（買収金額は過去最高のおよそ4800億円）をトップとして決断しました。いかに日本がバブル経済に踊っていたとはいえ、驚天動地の買収劇でした。当時はソニーの社内でも、衝撃が走りました。

では、一体なぜ盛田さんは、ソニーにとってまったくの未開拓地だった「映画」という世界に飛び込んだのか。

それについてはさまざまな見方がされましたが、僕としては、盛田さんの個人の趣味がベースにあったとしても、やはりビデオの規格をめぐる「ベーター VHS」戦争で松下陣営に完敗したことが背景にあったと思います。ソニーのトップとして辛酸を嘗《な》めた経験から、盛田さんはコンテンツ側の賛同を得られなければ製品開発さえままならないということを痛切に学ばれたのでしょう。

自分の読みを信じて戦う

当時、この日本企業初のハリウッド買収は、日米間で起きていた日米貿易摩擦に対し、火に油を注ぐような行為としてアメリカでは捉えられました。

「日本人はアメリカを乗っ取るつもりなのか」

「ソニーはアメリカの魂を買収した」

こうした非難に対し、盛田さんは一歩も引かずこうやり返しました。

「アメリカの魂を買ったと非難されるなら、売った方にも問題がある」

アメリカの世論はさらにいきり立ちましたが、盛田さんは飄々《ひょうひょう》としたものでした。

しかし、この買収でソニーは今まで経験したことのない塗炭《とたん》の苦しみも味わいました。

1993年頃、僕が社長に就任する直前ですが、ヒット作が出ず、経営陣が相次いで退任していました。ソニー本体からの持ち出しも増える一方で、回収がままならない状態になっていました。1994年の7~9月の四半期の連結決算では、およそ3150億円もの損失を計上しています。社内では映画事業に対する悲観ムードが広まり、多くのメディアが「買収は失敗」と書きたてもしました。

しかし、僕には「映画産業は成長産業だ」と揺るぎない自信と見通しがありました。今や一本の映画は映画館で上映されるだけでなく、ホームビデオになり、オンデマンド配信、テレビ放映、ゲーム化されるなど、収益を得る枠が幾つもある。今は苦しくても必ず伸びる。インターネットの時代、デジタルの時代になれば、コンテンツやソフトウェアが重要になると、僕は信じていました。

『鬼滅の刃』の相乗効果

近年の映画を含めたエンタテインメントの伸びは眼を見張るものがあります。2020年、ソニーの子会社であるアニプレックスが制作した映画『鬼滅の刃　無限列車編』は、日本の映画史上歴代1位の興行収益を記録しました。ミリオンヒットとなった主題歌の『紅蓮華』を歌うLiSAさんは、ソニー・ミュージックの所属です。相乗効果で莫大な収益を上げました。

今やこのコロンビア・ピクチャーズ買収から始まったエンタテインメント部門は、ソニーの収益を支える大きな柱に育ちました。日本企業では初めてだった「ハリウッド買収」によって、ソニーは他社とはまったく違う景色を見るようになったのです。

こんな昔の話を持ち出したのは、自慢のためではありません。僕がこの話を振り返ったのは、なぜこうした未来図を描けたのかをお話ししたいからです。

ゴア副大統領が「情報スーパーハイウェイ構想」を発表したとき、日本のメディアも大きく報じ、ビジネスマンの間でも話題になっていました。しかし、そこからどんな未来がやってくるのかを正確に予測し、会社を変革しようとした経営者はあまりいなかったのではないでしょうか。もしあの宣言をしっかり受け止めていたのなら、時価総額ランキングから日本企業が消えてしまうことはなかったでしょう。

社内転職のおかげで大変動に気づけた

文系だった僕は、製造業のソニーという理系中心の会社に入り、海外法人の設立のため日本から放り出され、金融に目移りしつつ、オーディオ事業部、コンピュータ事業部と〝社内転職〟を繰り返して間口を広げ続けたからこそ、デジタル社会の到来を確信し、「隕石が落ちてくる」と強い危機感を覚えたのです。もし外国部に居続けていたら、あるいは、仮に自分がエンジニアだったとして、製品開発の部署に居続けていたとしたら、ゴア副大統領の言葉に衝撃を受けることもなかったし、会社を変えようなんて思わなかったでしょう。越境して、〝社内転職〟を繰り返したことで、ゴア副大統領の宣言が意味するところを読み取ることができたのです。

僕の場合、社長というポジションで会社の改革を直接的に指揮することになったわけですが、一般の社員の方でも同じことは言えます。〝社内転職〟によって自分の引き出しを増やせば、必ず役に立つときが来ますし、自分のバリューを引き上げれば、仮に別の会社に転職することになったとしても、そこで生きていける武器を手に入れることができます。

第4章

培ったキャリアを外で活かす

転職先は海外でもいい

僕はこの本で、〝社内転職〟を勧めてきましたが、ある程度の年齢、たとえば定年に近い年齢になったら、それまでスキルを磨いてきたサラリーマンなら、社内・社外、国内・海外を問わず、転職先を見つけるといいのではないかと思います。

僕はインドにあるトヨタの工場を視察したことがあります。そこでは、日本から派遣されてきた技術者が、現地で採用された技術者の〝タマゴ〟に一生懸命「ネジ」の回し方を教えていました。さまざまな部品を組み合わせて作る自動車は、それぞれの部品ごとに適切な力でネジやボルトを締めていく必要があり、しかも1台1台、決まった同じ力で締めなければなりません。そうしたスキルを持っているのは、個々の技術者です。

それを見ながらこんなことを思いました。

「個人でスキルを持っているサラリーマンの寿命は、実は長いんだな」

これは技術者だけに限定される話ではありません。営業にしろ、人事にしろ、経理にしろ、生産管理にしろ、サラリーマンが経験するあらゆる職種にそれぞれスキルがあるのです。もし、今の職場でそのスキルが必要なくなってきているのなら、必要とされる場所に移ればいい。

地方のベンチャーでキャリアを活かす

前述したように、僕はソニーの会長を退任した後に、大企業とベンチャーの架け橋になるという目的で「クオンタムリープ」という会社をつくりました。クオンタムリープとは量子力学の用語で、「非連続の跳躍」を意味します。リニアな成長ではなく、一気にジャンプアップを目指すということです。

現在、クオンタムリープでは、コンサルティング業務以外にも、ベンチャー支援やベンチャー企業のネットワーク作りなどさまざまな事業を手掛けていますが、そのなかで、優れたスキルを持つサラリーマンをベンチャー企業に紹介するという仕事もしています。成長している若い会社は、経理部門でも管理部門でも営業部門でも、経験豊富でノウハウをたくさん持つサラリーマンを必要としています。だから、スキルのあるサラリーマンこそ、そのスキルを活かせるベンチャーを目指すべきです。そうすることで、サラリーマン人生はまだまだ続くし、輝き続けることができます。

退職を控えたサラリーマンとベンチャーというのは、妙な組み合わせに見えるかもしれませんが、これほど絶妙で、ベストに近いマッチングはないのです。

若さを売るベンチャーに、年老いたサラリーマンは必要ないと思っているベンチャー起業家がいるのは事実です。しかし、そう考えている起業家はいつかどこかで行き詰まるでしょう。

数多くのベンチャーの中で、生き残って花を咲かせられるのはほんの一握りです。彼らの多くが躓《つまず》くのは資金調達であったり、企業のガバナンスの問題であったり、コンプライアンスの問題であったりします。なぜかといえば、ビジネスの経験と知恵が少ないからです。だから、仲間数人で始めたようなベンチャーが一気にジャンプアップするには、そうした人材が欠かせません。

ベンチャー企業の多くが直面するこうした問題について、対処する知恵を持っているのは誰かと言えば、ベテランサラリーマンです。資金調達の方法だけでも、さまざまな方法があり、企業で財務や経理にいた人間は、いろんな知恵を持っています。こうしたベテランサラリーマンの知恵がベンチャーに必要なのです。

アジアで求められるものづくりのスキル

スキルがあるサラリーマンを求めているのは、国内のベンチャーだけではありません。日本のものづくりを熟知した人材を求めているのは、やはりアジアです。

僕は後述するように、日本は「ものづくり神話」から脱却すべきだと思いますが、その一方で個人が培ってきたものづくりのスキルは大いに活かすべきだと考えます。

僕はクオンタムリープ創立のときに「クオンタムリープに込めた思い」という一文をしたためました。少々長くなりますが、とても重要なことなので引用させてください。

〈世界は、欧米を中心とした大西洋から、アジアを中心とした太平洋へのパワーシフトの真っ只中にあります。日本はアジアを始めとする各国と、競争ではなく補完的な共創関係を構築し、質的な成長をしていかなければいけません。事業創造への仮説や成長機会についても、日本だけでなく、アジアを中心にグローバルな視点で捉え、多様なパートナーの

方々と共に取り組むことで、日本・アジアの飛躍的な進化（クオンタムリープ）の実現に貢献したいと思っています〉

個人のレベルで「アジアとの共生」と大上段に構える必要はないとは思いますが、アジアは日本のサラリーマンにとってフロンティアであり、身につけたスキルを活かせる場が必ずあると思っています。

活かせる場で活かせばいい

縮小を余儀なくされたとはいえ、日本の製造業が長年培い、育んできた洗練さ、精緻さは世界では抜きん出ています。それをみすみす捨てることはないし、サラリーマン個人を見ても、身につけたスキルを捨てる必要はありません。活かせる場で活かせばいい。アジアにはその場があります。特に退職したサラリーマンこそ、アジアを目指すべきだと思います。

2030年に、アジアの都市の人口分布は以下のようになると予想されています。

デリー（インド）　3900万人
東京圏（日本：東京、神奈川、埼玉）　3660万人
上海（中国）　3290万人
ダッカ（バングラデシュ）　2810万人
カイロ（エジプト）　2560万人

これが2050年になると、次のように変動すると予想されています。

ムンバイ（インド）　4240万人
デリー（インド）　3620万人
ダッカ（バングラデシュ）　3520万人
キンシャサ（コンゴ）　3500万人
コルカタ（インド）　3300万人

インド、バングラデシュなどで人口爆発が起きるのは確実とされ、こうした国々以外でもパキスタンのカラチ、インドネシアのジャカルタなどの急激な人口増加が見込まれています。日本の数十倍の巨大マーケットがアジアに広がっているのです。国全体がベンチャーのようなもので、日本人が忘れてしまった凄まじいほどの熱気があります。

アジアはサラリーマンのブルーオーシャン

こうした地域では日本の製造業の知識、経験が役立ちます。また、こうした国々は同じアジアの一員である日本の技術支援を待っています。こんなチャンスはそうはないです。日本のサラリーマンにとって、ブルーオーシャンが広がっているのです。

僕はインドでは、スズキの工場にも視察に行きました。ご存じの通り、スズキの自動車はインドでシェアを50％近く取っていて、圧倒的な存在感を放っています。

インドで、スズキの会長だった鈴木修さんと話したことがありますが、

「会社（スズキ）を退職した人間が何人もここ（インド）で働いている。技術者だけでなく、

管理部門などの人間も何人も働いている」

とおっしゃっていました。すでに多くの先人たちがいるのです。

サラリーマンが現場で身につけたスキルは働く場を変えていけば長持ちします。技術者だけではなくて、生産管理でも経理でも物流でも、会社のなかで身につけたあらゆることが本当に役に立ちます。人口増加が続くアジアの都市は、日本のサラリーマンの可能性の宝庫といえます。

もしアジアに飛び出していく勇気があるのなら、定年退職した後でも、自分の持つスキルを活かして働き続けられる場を見つけられるはずです。

「クオンタムリープ」に込めた思い

クオンタムリープという社名は量子物理学の用語で「非連続の跳躍」という意味であることを述べましたが、会社を立ち上げたときに、ノーベル物理学賞の受賞者である江崎玲《れ》於奈《おな》さんから、

「物理学の専門用語から、よくぞ社名をとってくれた」

と言われたのです。江崎さんも僕の唱えた、「非連続の跳躍、非連続の爆発」という考え方に共鳴してくれました。

ちなみに、あまり知られていませんが、江崎さんはもともと、ソニーの前身である「東京通信工業」に勤務する研究員でした。31歳という若さで半導体の主任研究員となり、ゲルマニウムトランジスタの不良品解析をしているときに、偶然、トンネル効果という現象を発見し、後にノーベル賞の対象となる研究に発展させました。この功績により、江崎さんは東京大学から博士の学位を授与され、１９６０年には米ＩＢＭの「トーマス・Ｊ・ワトソン研究所」に招かれ、さらなる研究の道を歩まれていきました。

江崎さんご自身がソニーから学術研究の世界へと〝クオンタムリープ〟を成し遂げた人なんですね。

僕もソニーの事業部長をやらせてもらっているときに、事業や技術開発が突然、飛躍する現場を何度も見てきました。そうした経験から、若い起業家やベンチャーが一気に飛躍していくのを支援したいと思い、また、それが日本を再び浮上させることにつながると信じて、こう命名しました。

そのときに、僕はソニー時代できなかったことをやろうと決めて、まず丸の内の銀行会館に会社を構えました。丸の内はエスタブリッシュメント企業が集まる界隈で、僕がいた頃のソニーはまだ小さな会社だったので、丸の内に会社を構える松下電器やシャープ、東芝などは、僕からすれば見上げるような巨人でした。小さなソニーでは叶わなかった丸の内進出を、自分の会社でやってみたのです（笑）。もっとも、設備の問題などがあって、その後、移転することにはなったのですが。

若い人たちとのやり取りが新鮮

会社を創設したときに、自分に対して4つのミッションを課しました。

一、間もなく来る、次のパラダイムに向き合う。
二、成熟国・日本の知恵、経験、リソースをアジアの未来に活かす。
三、オープンイノベーションで新産業を創出する。
四、異分野、異文化の〝クロスカップリング〟からの出発。

クオンタムリープの仲間たち（本人は中央）

壮大なミッションだと思いますか？　だけど、僕はこのミッションを本気で実現するために、一歩一歩、歩んでいます。

先日、ベンチャー企業を興した鈴木ゆりえさんという若い女性が会社を訪ねてきました。

彼女の興した株式会社Ｉｓ（アイス）は、ブロックチェーンを用いたマーケティングの会社で、会社のキックオフで僕にオープニングスピーチをしてほしいという依頼でした。

詳しく聞くと、オンラインで２０００人くらいが集まる大きなイベントだそうで、むしろ、若い人たちがやる会議に、自分が出る価値があるのだろうかと心配になりました。だから、僕は「なぜ私にキックオフのスピーチを頼みにきたの？」と訊いてみました。

おそらく、元ソニーの社長、会長だからだろうと思っていましたが、理由はまったく違っていました。

「ブロックチェーンの重要さを誰よりも早く話していたのが出井さんでした」

彼女は僕のブロックチェーンに対する考え方に共鳴して、僕に中身のあるスピーチを期待してくれたわけで、イベントに箔を付けるために僕の肩書きを利用しようとしたわけじゃない。僕のバリューを評価してくれたことがとても嬉しかったし、勇気をもらったような気がしました。

僕はソニーの会長時代に、請われて日本経済団体連合会、いわゆる〝経団連〟の副会長を5年間やりました。経団連は言うなれば、経団連に所属しているという〝肩書き〟を欲する企業の集まりで、正直、その文化にまったく馴染めませんでした。

だから、若い彼女とのやり取りは新鮮で、僕にとって実に清々《すがすが》しい体験でした。

ちなみに、僕はソニー時代から若い人たちとフラットに話すことを心掛けていましたが、今の会社を立ち上げてからは、より積極的に若い人たちと上下関係なく話すようにしています。彼らの新しい感覚から得るものはとても多いし、僕の経験も、多少なりとも彼らに影響を与えられたら嬉しいです。

経験こそが財産

僕は、かつて書いた本『変わり続ける　人生のリポジショニング戦略』（ダイヤモンド社）のなかで、

「ソニーを退いて10年も経つのに、なぜ僕に社外取締役の依頼がくるのか」

という章を設けました。

当時（2015年）、僕は日本企業2社の他に、「アクセンチュア」「バイドゥ」「レノボ」など複数の会社の社外取締役を務めていましたが、この章では次のように書いています。

「こうしたグローバル企業が、ソニーを退いて10年も経つのに、なぜ今なお僕に社外取締役を依頼するのだろうか。

端的にいえば、『グローバリゼーションで戦ってきた僕の経験を欲している』ということだ」

たとえばアクセンチュアからは、2001年に社名を変えてグローバル化に取り組んでいるので、ぜひ手伝ってほしいと頼まれました。

レノボは、ハードウェアでこれから変革を経験することになるから、ソニーでのグローバリゼーションやアナログからデジタルへの変革などの経験を活かして、中国の企業を助けてほしいとのことでした。

バイドゥとは、ごく初期の頃に起業家の集まるミーティングで知り合い、「もっと大きくなりたい。やがてハードとソフトは一体になる。知見がほしい」ということで依頼されました。

彼らが僕に欲したのは、間違いなく、僕のソニー時代の経験でしょう。

戦い抜いたソニーでの経験

ソニーとはすなわち、戦後日本の経済成長の象徴だと僕は思っています。それは「日本型グローバリゼーション」の象徴でもありました。これからグローバル化を経験する企業、とりわけアジアの国の企業にとっては、未来の道標がほしい。その経験をぜひ教わりたい、ということでしょう。

1990年代からの本格的なグローバル競争を戦い抜いた日本企業はそれほどありません。しかし、ソニーはコロンビア・ピクチャーズを買収し、10年かけてマネージメントをやり通し、利益を出せるようにした。こういうケースは、あまり多くはありません。だから、その「戦い抜いたソニーでの経験」というものを、彼らは求めているのです。もちろん、ソニーの社長、会長を務めたという肩書きは重要だったと思いますが、肩書きと同じくらいに経験を評価してくれたからだと思います。

また、僕は「元ソニー代表」としてではなく、「出井伸之」という個人の立場で発言し、常にポジティブに物事を捉えて発信することを心がけてきました。日本や世界の未来について多く語る経営者は、実は意外に少ないものです。そうした点も評価されたのかもしれません。

遥か先を行く中国

「ソニーでのグローバル体験」から得られた知見を求めてきたのは、企業だけではありません。

僕はソニーを退いた後、中国の元首相、朱鎔基《しゅようき》さんから連絡をもらいました。

「出井さん、あなたがソニーで経験されたことを我々の清華大学の国際化に役立ててほしい。清華大学はこれから世界のトップクラスの大学に育てていきたいのです。ぜひ協力してください」

これには驚きました。父が早稲田大学で教鞭をとっていたこともあり、アカデミックに対しては尊敬の念を持っていますから、とても嬉しい申し出でしたし、朱鎔基という中国の歴史書に記述されるような人物から直にオファーが来るとは、それだけでも名誉なことだと思いました。

実際に現地で授業風景を視察したのですが、そこでまた驚きました。ほとんどの授業を英語でやっているのです。グローバル人材を育てようと必死に取り組んでいることがひしひしと伝わって来ました。

一方で、これでは日本の大学では太刀打ちできないなと思って、すごく心配になりました。それほど、清華大学は必死にやっている。清華大学はもちろんですが、中国という国が必死なのでしょう。

だから、アドバイザーという役割も、お飾りではなく、実にプラクティカル（実践的）です。ちなみに、僕と同じアドバイザーにはアップルCEOのティム・クックやテスラのCEO、イーロン・マスクがいます。

何が実践的かというと、「清華大学はこの分野の研究が弱いから、どこそこの教授を招聘しよう」とか、「どれだけ研究資金を投下しよう」とか、企業と変わらない考え方で運営されていることです。だから、「○○大学の○○教授は、サラリーをいくら出せば引っ張ってこられるか」といったことを議論するし、実際に優秀な研究者ならいくらでも出します。日本の大学とは全然違うはずです。

日本の大学の場合は、日本企業と同じで、スタート時点は皆同じで、入った年次で給与が決まる。優れた研究業績を挙げれば出世はしていきますが、それほど給与は変わらないでしょう。教授になったらアガリで、１本も論文を書かずに定年まで勤め上げるという人もいまだにいると聞きます。一方で、若い研究者のポストがなく、非正規雇用で、非常に不安定で貧しい生活を強いられています。

これはやはりおかしいと思います。アカデミックの世界でも能力で評価されるべきで、現実に今、日本の大学は世界から後れをとり、取り残されつつあります。このところ日本からノーベル賞受賞者が次々に出ていますが、彼らのほとんどは数十年前の研究を評価されての受賞で、これからはどんどん減っていくのではないでしょうか。

第5章

ものづくり神話から脱却しよう

グローバル化で重要なのは歴史を知ること

僕は最近、企業で働く人々がグローバル化に対応していくためには「歴史を知る」ことが重要ではないかと、痛切に感じています。必要最低限の条件と言い換えてもいいかもしれません。

石器時代から日本の歴史を勉強し直すのは大変ですが、少なくとも直近の歴史だけは知っておくべきです。歴史という軸を持たないと、現在我々がどこにいるのか、どこに進んでいけばいいのかがわからなくなってしまうからです。

毎年、春夏秋冬が来るように、国の歴史にも春夏秋冬があります。暖かい時期もあれば、厳しい寒い時期もある。

第二次世界大戦に敗れて国土を焼け野原にされたのは冬の時期ですが、そこから戦後復興、そして高度成長へと春、夏がやってきました。

１９８０年代に日本製品は世界を席巻し、ＧＤＰは世界第2位にまで上り詰め、「ジャパン・アズ・ナンバーワン」と呼ばれて、いい気になっていました。

世界中から日本のビジネスのやり方が研究された時代でした。日本には終身雇用というシステムがあって、それが企業を安定させ、社会を安定させているとか、組合はあるけども、それは企業に協力的な組合であるとか、サラリーマンは企業に忠誠を誓い、企業はさながら大きな〝家族〟のような存在であるとか、日本企業はなぜ強いのかという点に、世界中から注目が集まりました。

こうしたシステムが世界中に紹介された時代は、製造業の時代であり、このときに〝ものづくり神話〟も生まれたのです。

日本のものづくりの終焉

高度成長期からバブル期にかけては、まさにものづくりの時代と言われています。ものを作れば、作っただけ売れた時代で、このときの成功体験が日本人の意識に深く刻みつけられました。

しかし、ものづくりの時代の終焉はバブル期以前に始まっていたのです。私はその転換点は「プラザ合意」にあると思います。１９８０年代、日本からの輸出攻勢でアメリカは貿易収支が大赤字に陥り、日米貿易摩擦が大きな問題になりました。日本は家電や自動車などの輸出を自主規制しましたが赤字は抑えられず、1985年9月にニューヨークのプラザホテルで開かれた先進5か国蔵相・中央銀行総裁会議でドル高是正のために為替に介入することで合意（いわゆる「プラザ合意」）がなされました。この決定は実質的にはドルと円の為替レートの是正が中心でした。僕が学生のときは1ドルが360円の固定為替レートでしたが、1985年初めには251円台になり、「プラザ合意」により、同年末には200円ほどになり、1年後には152円台にまで大幅にドル安・円高が進みました。

ここまで円高が進むと、それまで輸出していた製品の現地での価格が1・7倍にもなり、売れなくなるのは当然です。輸出に頼っていた日本の製造業は大打撃を受けました。

一方で、韓国は対ドルでのウォン安を継続できたので、結果的に対円に対して大幅なウォン安を享受できました。韓国の輸出が一気に増加して経済成長を遂げていったのは、プラザ合意のおかげとも言えます。

このプラザ合意以降の円高によって製造業は大打撃を受けたのですが、公定歩合の引き下げ等の円高対策や政府の経済対策などもあり、不動産投資を中心とする金融中心のバブル経済に日本は入りました。このバブル経済の狂乱の中で、製造業の打撃は隠されてしまいました。本当はこのバブル時点で日本のものづくりの時代は終焉を迎えていたのですが、その事実を認めたくないという意識が強かったこともあると思います。結果的にその後金融バブルが弾けたことで、不良債権処理により日本の金融機関も大打撃を受けることになります。そしてこのバブル崩壊によりものづくりの時代が終焉していたことも表面に出てくることになったのです。

日本は製造業と金融の両面で大打撃を受け、〝失われた10年〟と呼ばれる経済停滞期に突入し、長い冬の時代を迎えることになります。そのなかで、日本人は〝自信〟の2文字を喪失していったのです。1995年のこの時期に僕は社長に任命されました。

盛田さんの先見の明

その意味で、ソニーの盛田昭夫さんは非常に先見の明があったと思います。バブルまっただなかの89年9月に、アメリカの大手映画会社コロンビア・ピクチャーズ社を34億ドル（当時の為替レートで約4800億円）で買収したわけです。盛田さんは「これからはハードを輸出する時代ではない。コンテンツの時代である」ということを正確に見抜いていた。外国の価値のあるものを取り込んでいかなければ、生き残っていけないということがわかっていたのだと思います。

1990年代に入ると、米ソの冷戦が終わり、当時のクリントン政権は軍事技術をどんどん公開して民生化していきます。今、カーナビで利用しているGPSも元は軍事技術です。今の若い人たちは知らなかったりしますが、この頃に民間に開放された軍事技術の最たるものが「インターネット」です。

インターネットが開放され、爆発的に普及していくのと同時に、冷戦の終結で、軍でネットワーク技術を開発していたITエンジニアらが民間企業に移って働き出しました。アメリカの「インターネット革命」の戦略には、僕は本当に驚愕しました。

インターネットによって、人とモノとがつながっていく。情報は平均化され、フラット化が起きる。もう一方通行の情報、メディアは存在しなくなるのではないかと思いました。

こうした大変化の根本は何かといえば、〝有形資産〟から〝無形資産〟への大転換が起こるということです。

アメリカはものづくりを捨てて、情報通信と金融で巻き返しをはかり、見事に成功しました。それを象徴しているのが「GAFA」という存在です。

成功体験の呪縛から解き放たれる

ゴア副大統領が「情報スーパーハイウェイ構想」を発表したときに「隕石が落ちてきた」と感じたことはすでに述べました。日本が冬の時代に入ったときに隕石が落ちてきたのです。ソニーがこの大変動を生き残り、成長していくには何が必要なのかを僕は必死で考えました。答えは、あらゆるものがネットワークにつながる世界では、映画や音楽、ゲームといったコンテンツをネットワークに接続して利用できる製品群が不可欠であるということです。

大賀さんも1993年にゲーム機の「プレイステーション」を開発するソニー・コンピュータエンタテインメント（現ソニー・インタラクティブエンタテインメント）を立ち上げたように、時代の変動を読み取っていました。

ソニーの2020年度の連結決算では、売上高が8兆9994億円、営業利益は971

9億円を計上し、過去最高益を記録しました。ソニーを牽引している事業は、半導体だけでなく、ゲームやアニメ、映画、音楽などエンタテインメントと金融などの非製造業の部門です。大変動を乗り切ったとまでは言えませんが、他の日本企業に比べれば、大きな転換を果たして生き残ったと言えるでしょう。

日本企業の多くは、ものづくりによる成功体験に囚われて、どこに活路を見出せばいいのかわからないまま、無為に時間を浪費してしまったように見えます。

インターネット時代の発想

日本経済がどん底にあるなかで、中国が安い土地と安い人件費で〝世界の工場〟として名乗りを上げ、ものづくりの主役になっていきます。

僕は現在の日本がいまだに停滞感から抜け出せていないのは、戦後復興を成し遂げたものづくり神話から抜け出せていないのが最大の原因だと思っています。

ものづくりの時代の発想というのは、新しいテクノロジーを自分で開発して、それを使った製品を作れば、みんなが「すごい、すごい」と買ってくれてヒット商品になり、大量生産してコストを下げて利益を出すというものです。

しかし、今のインターネットの時代は逆で、「こんな製品がほしい」「あんなサービスがあればいいいな」というユーザーの声に耳を傾け、すでにある技術あるいはベンチャーが開発した新しい技術を組み合わせて実現する。料金も「いくらならユーザーは払うか」で決める。なんなら無料にして、ユーザー数を増やして広告など別の手段で稼げばいい。グーグルやフェイスブック（現メタ）、アップルなどはみなそうです。自分で新しいテクノロジーを開発する必要は特にないのです。

世界の中での日本の立ち位置を知る

発想のベクトルが逆で、これこそがデジタル革命なんです。そこを誰もわかっていなくて、書類に捺《お》す判子《はんこ》をデジタル化するだのなんだのと言っているのを見ていると、空しくなってきます。こんなのは〝守りのデジタル〟であって、新しいものを生み出す〝攻めのデジタル〟ではありません。デジタル革命とは何かをいまだに理解しないまま、右往左往しているのが今の日本です。

こうした歴史を知らなければ、世界の中で今の日本企業が置かれている立ち位置がわからないし、これから世界とどう戦っていくべきかも見えてきません。

高度成長時代の日本企業で働いていたサラリーマンは楽だったと思います。「そんなことはない。猛烈に忙しくて、猛烈に働いたぞ」と反論する方もおられるかもしれませんが、あの時代には、自分が何をすればいいのか誰もがわかっていて、確実に明るい未来があり、定年までこの会社で働いていられるという安心感がありました。目の前の仕事に邁進していれば、業績は右肩上がりに伸びました。未来を信じられれば、仕事がいくら忙しくても辛くはない。むしろ楽しかったはずです。

トヨタでさえ転換に四苦八苦

ところが今は180度、環境が変化してしまいました。

「市場はシュリンクする一方で、何をどうすれば商品が売れるのかわからない」

「テクノロジーサイクルが驚くほど早まり、自分のスキルがどんどん陳腐化していく」

そんな不安を抱えて仕事をしているサラリーマンは多いと思います。

なぜこうなったのかというと、ものづくり神話に囚われているのと、グローバル化に対応できていないからだと思います。

自動車業界は、まだものづくりの発想が通用している業界ですが、トヨタですら、そこからどう転換していくかで、のたうち回っているように見えます。ガソリンとエンジンが電気とモーターに替われば、部品点数が激減します。制御もデジタルになり、ソフトウェアがより重要になっていきます。そうすると、人手がいらなくなって、今まで20万人必要だった従業員が10万人で十分といったことになります。これも〝有形資産〟から〝無形資産〟への転換の一種と言えます。

日本では正社員の人数を減らすのは非常に難しいので、10万人で十分となっても、会社は残りの10万人の面倒を見なければなりません。

これは勝手な憶測で、少々よけいなことを述べたと思いますが、おそらくトヨタなどは、必ずしもものづくり神話に囚われているわけではなく、今の体制を転換するのがあまりにも難しくて、捨てるに捨てられないというのが現実だと思います。

ものづくりとＩＴで何ができるかを考える

日本ほど、ものづくりが洗練されている国はありません。特に「部品」の単位になると、極めて優れた製品が生み出されてきます。それを全部捨て去る必要はありません。

僕は日本より、中国での方がむしろ有名人で、請われて多くの中国企業のコンサルティングをしていますが、今、中国でパワーワードになっているのは、「ＯＭＯ（オンライン・マージズ・ウィズ・オフライン）」という言葉です。「オンラインとオフラインの融合」という意味で、ハードとＩＴを融合させて、新しいビジネスモデルをつくれということです。

中国人のビジネスマンは、「中国にはものづくり企業がある。ＩＴ企業もある。だから、両者がぶつかれば、大きなビジネスチャンスになる」と言います。中国は世界の工場としてものづくりの主役になりましたが、もうその先を見据えているのです。

だけど、日本ではこういう話はほとんど聞かないんですよ。中国を始めとするアジア諸国の台頭の前に日本の製造業は縮小を余儀なくされています。こうした現実をもっと真摯《しんし》に受け止めて製造業の新たな枠組みを創るべきでしょう。

たとえば、自動車業界では「電動化」と「自動運転」がホットイシューになっていますが、「電気で走るから静かですよ、エコですよ」「ハンドルから手を離しても走るんですよ」というだけでは、ものづくりの発想から抜け出ていないのです。

運転から解放されたら、自動車はただの移動手段ではなくなります。電動化して運転する必要がなくなった自動車は何に使えるのか、そこでどんなサービスができるのか。ハードとITが融合した先にあるビジネスモデルを考えることが重要なのです。フィンテックで金融と技術を融合させるとか、フードテックで食料と技術を融合させるとか、言葉だけはいろいろと出てきますが、それで何ができるのか、何をしたいのかが重要です。

日本でワクチンが開発されない理由

僕がソニーの社長をしていた頃からまったく変わっていなくて、一歩も進歩していないなと感じることがあります。「官僚支配」と「縦割り行政」です。

高度経済成長があったのは通商産業省の指導のおかげであると過大評価する〝神話〟が生まれ、日本の民間企業は官僚にひれ伏して指導を仰ぐという構図ができました。それは今もまったく変わっていません。

２０２１年４月17日、菅首相（当時）は日米首脳会談の後、米製薬メーカー「ファイザー」のＣＥＯと電話会談し、「日本へのワクチン供給の追加をお願いしたい」と、一国の首相が民間企業の経営者に頭を下げる一幕がありました。

普通なら厚生労働省がやる仕事で、非常時には日本の首相の価値もここまで下がるのだなと思いましたが、菅首相が頭を下げざるをえなくなったのは、自国でコロナワクチンが開発できないためです。

大手製薬メーカーが多数ある日本でなぜワクチンが開発できないのか。さまざまな理由が挙げられています。

たとえば、過去のワクチンによる健康被害に対し、国側がことごとく敗訴したため、国も製薬メーカーもワクチン開発に対して及び腰になってしまったとされています。

確かにそれもあるかもしれませんが、僕はもっと根本的な問題がここには横たわっていると思っています。それは、日本の会社のあり方、社会のあり方、ひいては働き方に深く関係してきます。

官僚によって民間企業がコントロールされるようになったことが、諸悪の根源だと僕は思っています。薬を認可する厚労省が、製薬会社を支配下に置き、コントロールしてきたことで、今の事態を招いたのです。

官僚依存症を直さないといけない

こうした構図ができてしまうのは官僚側にも問題はありますが、それ以上に官僚に企業統治、経営そのものを丸投げしてしまう、企業側の問題は根深い。ほとんど主権を放棄しているに等しいからです。何か新しいことをするときに、いちいち官僚に判断を仰ぐだけではなく、官庁から明確な判断などが出ないと、忖度《そんたく》して何も新しいチャレンジをしない企業側に問題があると思います。企業による官僚依存症を直さないとこの問題は解決できないと思いますが、依存症はむしろ強くなってきているのではないかと思います。

ブロックチェーン技術の新しいサービスへの活用などは、日本がリードできる新しい領域であると思いますが、日本では官僚を中心にルールを決めることに時間を費やしている ために、シンガポールなどに逃避する日本人起業家が出ているのもこの影響だと危惧しています。

東芝の佐藤社長との出来事

かつては官僚に忖度せず、企業中心で規格統一をしていました。僕も当事者としてかかわったこんな出来事がありました。

DVDの開発で、規格の統一問題が起きたときに、僕は担当役員で、東芝は後に社長に就任する西室泰三《にしむろたいぞう》さん（故人）が担当役員でした。東芝はマイクロソフトと組んで開発をしていて、ソニーとは規格で対立していたのです。それで担当役員同士で折衝をしていたのですが、西室さんが突然、怒りだして、席を立って会議室から出て行ってしまったのです。僕は呆然としてしまいました。おそらく、自分の主張を通すためのポーズだったのでしょうけどね。社内の会議でも滅多にお目にかかれない光景だったので驚きました。結局、西室さんが席を立ってしまったから、当時の社長だった佐藤文夫さんと話すことになったんです。佐藤さんはとても真摯で、かつ優秀な方でした。

状況を少し詳しく書かせてもらいますが、1990年代初頭に、ソニーはオランダのフィリップス社と組んでCDよりも高密度の光ディスク媒体「MMCD」の開発を進めていました。一方で、東芝と松下電器、日立、タイム・ワーナーなどの連合は、「SD」という光ディスク媒体の開発を進めていました。このままでは、まったく異なる規格の次世代CD（後のDVD）が世に出回り、ユーザーを混乱させる事態になりかねない状況だったのです。

まさに「ベータとVHSの戦争」の再現で、ユーザーにとっては何のメリットもない話です。だから、この問題を打開するため、東芝に働きかけて、その話し合いを先の西室さんとしていたのです。ソニーは、最後の最後まで独自の規格を貫くほどの戦力も時間もなかったので、僕は最終的に社長の佐藤さんにこんな提案をしました。

「基本的には東芝のフォーマットに従うので、ソニーとフィリップスの特許を部分的に使ってもらえないだろうか」

佐藤さんは、極めて優秀で合理的な方だったので、こうした我々の提案を、

「出井さんの言うことはもっともです。意味のない競争はやめて一本化しましょう。ユーザーのためにもその方がいい」

と快諾してくれました。

そこで僕は国際電話で当時ＩＢＭのＣＥＯだったルー・ガースナー氏に電話し、「日本はこれでまとまったから、アメリカの方もそれで頼む」と伝え、ＤＶＤの規格を日米で統一することができました。

この規格統一は経産省に依存せず、企業間でグローバルルールをまとめたのです。

肩書きや年齢よりも〝個〟が問われる時代

官僚と企業との関係においては、いまだに封建社会の残滓《ざんし》を引きずっている。だから、天下りも当たり前のように行われ、官僚が上で、民間は下という〝官尊民卑〟がまかり通る。

肩書きを欲するとこうした構図になるのでしょう。僕もそういった構図を経団連で見てきました。今は知りませんが、僕が副会長をしていた当時の経団連は、「経団連の○○をしている企業」といった肩書きが欲しい企業も少なくありませんでした。

サラリーマンでも、課長よりも部長、部長よりも役員という具合に、上を目指すのは当然です。ときにはそれが働くモチベーションになるかもしれません。

それはそれでいいと思います。けれども、肩書きしか自分のアピールポイントがないというのは不幸です。定年退職後も「元○○社部長」といった名刺を配っている人がいますが、セカンドキャリア、サードキャリアが当たり前になりつつある今の時代では、過去の肩書きの意味は薄れていきます。大切なのは自分は何ができるのか、どう貢献できるのかというバリューです。

退職後であっても、65歳でも70歳でも、〝個〟としてのバリューがあれば、それを活かして働く場は見つけられるでしょう。東京になければ地方、地方になければ、少し勇気を出してアジアに目を向ければ、必ずあります。そうした場では、いくら肩書きが立派でも、個人としてのバリューがなければ、評価はされません。それまで仕事でどんな経験をして、どんな知識、知恵、スキルを身につけてきたかが問われるのです。

第6章

定年延長も退職金も要らない

定年延長に若者は怒れ

「高齢者のうち8割の方が、65歳を過ぎても働きたいと願っておられます。人生100年時代の到来は、大きなチャンスです。働く意欲のある皆さんに、70歳までの就業機会を確保します」

安倍晋三首相（当時）は、2020年1月の施政方針演説で、こう述べました。70歳までの定年延長が決定した瞬間でした。今のところは努力義務ですが、いずれ法制化され、定年は現在の60歳から65歳、70歳へと延長されていくでしょう。

この安倍首相の演説をテレビで見ながら、僕はフランスで起きたデモのことを思い出していました。

2019年の暮れから翌年1月まで、パリではおよそ1か月以上にわたって、10万人以上が参加する大規模なデモが断続的に続き、都市機能が一部麻痺するほどでした。

理由は、政府が発表した年金制度改革でした。フランスの年金制度は、42の業種ごとに分かれていますが、政府の改革案ではそれを一本化し、定年年齢は現行の62歳を維持しながらも、年金を満額受給するためには、64歳まで働くことになるというものでした。

実質的には定年を延長する改革で、それに対してフランスでは激しい反対デモが起きたのです。定年延長で長く働かされることへの不満が理由と報じられましたが、それだけではありません。

なぜデモが起きたのか、わかりますか？

会社は際限なく人を雇うことはできません。定年年齢が引き上げられ、高齢社員の雇用が継続されると、その分の〝席〟が空かなくなります。これから社会に出る若者たちの雇用が奪われることになるのです。

だから、若者たちが「俺たちの仕事を奪うな！」と反発して、デモを起こしたのです。たった2歳引き上げようとしただけで、これほどの大騒動になりました。

不思議なのは、日本では5歳も引き上げると言っているのに、若者たちが怒らないことです。反対デモが起きるどころか、ネット上にもそうした意見はあまり見られません。

日本の企業も同様です。日本政府としては、年金財政が破綻しかかっているので、年金受給の開始年齢を引き上げようとしていて、そうなると定年退職から年金受給までの期間が空いてしまうので、その間の生活費を企業が面倒みろと言っているのです。つまり、負担を企業に押し付けているのです。

企業にとっては重い負担がのしかかる改革ですが、僕が驚いたのは、どの企業も異議を唱えず、大人しく一律に受け入れたことです。ここにも〝官〟には逆らわない〝民〟の体質が現われています。

定年制度があるのは当たり前ではない

ただ、その後になって、サントリーホールディングスの新浪剛史《にいなみたけし》社長が経済同友会のセミナーで、

「45歳定年制を敷いて会社に頼らない姿勢が必要だ」

と発言しました。

僕は経営者の中にもこうした考え方を持つ方がいるのは、非常に喜ばしいことだと思いました。ただただ一律に従うなんておかしいですよ。

けれども、新浪さんの発言に対しては否定する意見が相次ぎ、ネットで炎上してしまい、

新浪さんも「軽率だった」と後に陳謝するような一幕までありました。

新浪さんの発言は少々説明不足で、誤解を招いている面があると思います。60歳になってからではなく、まだ若い45歳の時点でセカンドキャリアを描くというのは、決して悪いことではないように思います。もちろん、そういう制度にするには、給与や人事などの制度もこれまでとは全面的に変える必要がありますが。

日本人の多くは、「定年制度があるのは当たり前」「定年まで働くのが当たり前」と考えていますが、世界では必ずしも当たり前ではありません。

アメリカやイギリスでは、定年制度は年齢的な差別につながるとして、禁止されています。カナダやオーストラリアなどでも定年制度はありません。

日本の場合は、定年制度に加えて、定年まで一つの企業で働く終身雇用がワンセットになっていて、やはり特殊だと思います。だけど、これは働いているサラリーマンにとっても、企業にとっても、いいことはないように思います。

定年延長が決定されても、なぜ日本の若者たちは、「仕事を年長者に奪われる」と怒らないのでしょうか？

若者にも危機感がない

本当に不思議で会社の中でも議論しました。社員からは、

「諦めの境地なのか……」

「危機感がないのではないか。切迫しているようには思えない」

といった答えが返ってきました。

諦めている？　危機感がない？　僕はちょっと驚きました。日本のどこを見渡しても停滞しているし、成長する分野も見つけられないしで、厳しい状況というほかありません。若者たちは必死になってこの厳しい状況と戦っていると思っていました。

ところが、必死なのは80歳を過ぎた僕の方で、若者たちは危機感を持っていないと。とても驚いたけれども、その危機感の薄さはどこからくるのだろうかと考えてみました。

前の章で「歴史を知る」ことが大事だと述べましたが、一つは、今の若者は物心がついた頃にはすでに日本は停滞の時代に入っていて、それがデフォルトになっているから、現状に危機感を抱かないのだろうと。

もう一つは、今の状況がこれからもずっと続き、今より悪くなることはないと漠然と信じているのではないかと。

ある社員がこう言いました。

「戦後の悲惨な生活、悲惨な社会の様子を日本人は教えないからじゃないですか。歴史を学ばないからですよ」

この意見には頷きました。歴史を学ばないから、今よりもはるかに悲惨な状況にもなりうるというところへ想像が及ばないのではないでしょうか。

人間は忘れる生き物

ソニーを作った井深大さんと盛田昭夫さんは、焦土となって何にもないところからソニーの前身となる「東京通信工業」を立ち上げました。日本国民すべてが塗炭の苦しみの中から這い上がってこの国の戦後を築いてきた。

確かに、僕らは繁栄と豊かさの中で、こうした歴史を忘れてきた。たかだか70年やそこらで原点を忘れてしまった。僕らが忘れてしまっているのだから、若者たちが知るわけがありません。

社員と意見を交わしながら、思い出した話があります。それはスイスの「CERN（欧州原子核研究機構）」で働いていた日本人研究者から聞いた話です。

「CERN」は宇宙の原初を解き明かすために1954年に設立された世界最大規模の素粒子物理学の研究機関です。全周27キロメートルにも及ぶ円周型の大型加速器を用い、素粒子同士を衝突させては、宇宙の成り立ち、宇宙の法則を見出そうとしている。

ジュネーブ郊外にあるこの研究機関には、世界中から素粒子物理学の研究者が1万人以上集まり、世界最先端の研究都市を作り上げています。

ここで研究生活を送ったことのある日本人研究者はあることに驚いたそうです。その研究機関のさまざまな施設では、第二次世界大戦中の欧州での戦いや、当時の社会で起きていた出来事などが、常時、映像で流されていたそうで、衝撃を覚えたといいます。

戦争の映像ですから、当然、悲惨な場面も登場します。今はEUとして一つの経済圏に統合されましたが、欧州の歴史は戦争の歴史と呼べるほどで、国同士がいがみ合い、何度も戦争が繰り返されてきました。

戦争によって欧州は分断されていたことを忘れず、そして、科学技術の進歩は戦争にも利用されるという戒《いまし》めをこめて、「CERN」の運営者たちは、あえて悲惨な場面も含め、戦時中の映像を流し続けているそうです。

人間は忘れる生き物です。だから、繰り返し、自分たちが辿ってきた道を思い出すことが必要なのだと思います。

若い人たちには歴史を学んでほしいと思います。今、自分たちはどこに立っているのかを歴史の中で位置づけていただきたい。ただ、日本では世界史の中での日本という視点が欠けていますし、現代史をきちんと教えていません。

僕は「アドベンチャーフォーラム」という勉強会を行っています。大企業とベンチャー企業の30代から40代の人に集まってもらって勉強していますが、最初に明治維新後の歴史を勉強してもらいました。世界の中の日本という意識を次世代の経営者に持ってもらうチャンスを与えることが、重要だと思っています。この活動はベンチャー企業の育成と大企業の変革を行うエコシステムをつくり社会運動を起こす「アドベンチャービレッジ」の活動の一環で、僕の最後の仕事の一つだと思っています。

定年制度は廃止すべき

少々脱線したので、話を定年延長に戻します。

少子高齢化が進む日本では、労働力が不足し、高齢者と女性を活用しようという議論があるのは確かです。しかし、今回の定年延長は、政府とサラリーマンとの馴れ合いといいますか、年金受給の開始年齢を引き延ばしたい政府と、なんとか会社にしがみついて安定した生活を送りたいサラリーマンとの〝談合〟のようにも見えます。

問題は、現役サラリーマンの既得権を守るために、その負担を企業に押し付けただけでなく、〝談合〟から弾かれて割を食ったのが若者たちであることです。

非正規雇用でしか働けない若者がどんどん増え、結婚することも家庭を持つこともできなくなっているというのは、由々しき事態です。高齢者と女性を活用するのも大事ですが、若者にも仕事の経験を積むチャンスを与えなければ、日本の将来はますます暗いものになるでしょう。自分たちはもう生きていないからどうでもいいというのは、あまりに無責任すぎます。

だから、僕は定年延長には反対です。延長するのではなく、むしろ定年という制度を廃止すべきと考えています。

では、定年をなくしたら、どういう雇用スタイルになるのでしょうか。

たとえば先ほども紹介しましたが、オランダに本社を置くフィリップスという会社があります。ソニーがＣＤなど光ディスク媒体を共同で開発した会社です。

当時のフィリップスでは、どんなに優秀な技術者であっても、どんなに優秀な営業担当者であっても、契約期間はある年齢から5年間と定められています。5年の契約期間が終わると、個々の社員の仕事を評価して、再契約するかどうかを決めます。給与が上がって、さらに5年間、再契約される人もいれば、再契約されずに仕事を失う人もいます。フィリップスは特別厳しいというわけではなく、欧米ではこういう雇用契約が一般的です。

では、社員は皆、クビになるのを恐れてびくびくしながら働いているのかというと、決してそんなことはありません。

自分が必要とされる会社に移る

日本では、会社のお金を横領・着服したとか、傷害事件など重大な犯罪を犯したとか、よほどの理由がない限り、正規雇用の社員を解雇することができません。会社の利益にまったく貢献していないからといってクビにすることはできないのです。だから、極端に言えば、一度、正社員として採用されれば、定時に出勤・退社をしている限り、仕事をせずに定年まで居座ることだってできます。

だから、企業は、一度採用すればその人が定年を迎えるまで給与を払い続けることが確定するので、人材採用には慎重にならざるをえず、おいそれと人を雇うことができません。働く側からすれば、簡単には採用してもらえないから、転職したくても転職先がなかなか見つからないことになります。人材が流動しない硬直化した社会になります。

しかし、5年で解雇できるのなら、お試しで採用して仕事ぶりを見ることができます。優秀なら契約を継続し、会社に合わないなら契約を終了する。定年まで雇う義務がないから、会社は気軽に人を採用できるようになるのです。

逆に、働く人の側も転職が簡単にできるようになるので、「この会社はダメだ」「自分には合わない」と思ったら、さっさと辞めてもっといい会社に移ることができます。これにより、不況の業界から好況の業界へ、右肩下がりの会社から右肩上がりの会社へ、人材の流動化も起きて、経済が活性化します。

この会社は合わない、この仕事は自分に向いていないと思いながら、定年まで我慢して会社にしがみつくより、自分が必要とされる会社に移る、自分に合った仕事を探す方が、よほど幸せではないでしょうか。

一律、年齢で区切ることの無意味さ

もう一つ、日本独特の制度に「役職定年」というものがあります。

役職定年とは、企業の一般の定年が60歳として、それとは別に、たとえば、部長は55歳を役職の定年として役職を解かれ、給与も下がり、その後は一般社員として60歳まで働くというものです。

会社側の意図としては、人件費を下げたいとか、ポスト不足を解消して若い人にチャンスを与えたいとか、いろいろあり、本人に対しては、出向、あるいは転職など、外に出て再チャレンジを促すという意味もあるのだろうと思います。

僕は、定年だけでなく、この役職定年なるものについても反対で、やめた方がいいと思っています。

理由は簡単で、個々のサラリーマンが持っているスキルや価値はそれぞれ異なるはずなのに、一律に年齢で区切ってしまうのはナンセンスだからです。「全員、55歳になったら役職から離れるのがルールだから」と説得するためなのかもしれませんが、これは悪平等と言えるのではないでしょうか。

毎年、労使交渉があって、一律に賃金が上がっていくとか、年功序列で給与も役職も決まるとか、こうした昭和のシステムもいい加減、捨てた方がいい。

年齢で区切るシステムというのは、サラリーマンを不幸にするし、会社にとってもメリットにはならないと思うんですね。なぜかというと、個人から努力やチャレンジの意欲を失わせ、働かずにフリーライダー（ただ乗り）になる人を増やし、結果的に、個人が持っていた才能を腐らせてしまうことにもつながるからです。

日本は年齢のことを言いすぎると思います。欧米では採用の際の履歴書に年齢を書く欄はありません。社員が努力する、チャレンジすることに積極的になれるようなシステム、制度をつくらなければ、会社が伸びるわけはありません。

退職金は、正当な賃金の後払い

サラリーマンが生き生きと働けるようにするには、「退職金」も廃止した方がいいと僕は思っています。

大企業の場合、定年まで勤めると、何千万円といった単位の額の退職金が支払われますが、なぜそんな額のお金が出てくるのか、不思議ではないですか？　退職金というのは、〝正当な賃金の後払い〟に過ぎないのです。本来なら毎月毎月支払われるはずだった給与の一部を積み立てて、辞めるときに支払っているだけなのです。

それなら、企業がその都度ちゃんと評価し、その評価に見合った賃金をその都度払えばいいのではないでしょうか。

こういう制度があるから、「今辞めると退職金が減る」と言って、会社にしがみつこうとする人が出てくるわけです。というより、そう考えるのが普通でしょう。だけど、そのせいで、他社に転職していればもっと高く評価され、もっと自分の力を発揮できて、もっと稼げたかもしれないのに、その機会を失っているサラリーマンもいるはずなのです。

年功序列や退職金というのは、社員が会社から離れないようにするための制度設計になっています。新卒で入った会社に定年まで離れない方が得をするようになっているのです。

昭和のシステムは令和に合わない

こうした制度は、高度経済成長期からバブル期にかけての好景気な時代に、どこの企業も人手不足に陥ったので、社員を他社に渡さないよう囲い込むために導入されてきました。昭和の時代のこのシステムが、令和の時代には合わないのは明白です。人手不足の業界、会社がある一方で、不況で人が余っている業界、会社もたくさんありますが、余っているところから足りないところへ人が移動しないのです。

業績不振で苦しんでいる会社は、合理化して再スタートしたいと思っても、人減らしができないので、余剰人員の人件費を払い続けなければならず、いつまで経っても業績が回復しない。業績好調の会社は人をどんどん採用したいのに、人材が集まらず、ジャンプアップできない。だから、経済は停滞したままいつまで経っても回復しない。これが今の日本の状況です。

年齢で区切るのをやめ、退職金という制度もやめて、個々のサラリーマンの能力に応じて、適正な賃金をその都度支払い、年齢に関係なく、能力次第で雇用するかどうかを決めるというシステムに変えないと、いつまで経っても日本は停滞したままになります。

努力が報われる社会に

僕は、能力主義はやはりフェアな仕組みだと思います。会社としては、努力して自分のバリューを高めてきた人には、年齢に関係なく、ずっと働いていてほしいわけです。その逆もしかり。一律というのは、アンフェア、悪平等なのです。

もちろん、多くの企業はこうした制度の中であっても、能力主義、成果主義を導入しようと四苦八苦しているわけで、昭和の時代とまったく変わっていないという会社はほとんどないでしょう。こうした傾向が続くのは確実なので、サラリーマンは、常に自らのバリューを高める努力を続けていくべきです。いつか報われるときがやってきます。

日本では大学受験がそうであるように、入るときは大変だけれども、入ったらもう安泰で、努力をしなくなるというような制度設計が多いです。しかし、大学は4年で終わりますが、人生は100年続く時代になりつつあります。努力が報われるシステムに変えないと、会社も自分も成長できません。

能力主義という言葉を聞くと、「自分には無理だ」と恐れおののく人がいますが、能力に見合った仕事をするということで、それまでの仕事で蓄積してきた知識や知恵、スキルがあって、自分が必要とされるのなら、いくつになっても働けるということです。意欲も能力もあるのに、年齢による定年という区切りで辞めさせられる方が、よほど理不尽だと思います。

会社にしがみついて、無為に過ごす人生はつまらないとは思いませんか。

第7章
ソニーに学んだ新しい企業の形

パナソニックに活を入れてくれ

僕が社員として働いていた頃は、ソニーにとってのライバルはパイオニアやビクターなどの音響機器メーカーでした。この話をすると、60代以上の人たちは、「そういえば、音響メーカーだったな」と昔のソニーを思い出してくれるのですが、若い人だと驚くようで、「ソニーのライバルはパナソニックや日立や東芝だったんじゃないんですか？」などと訊かれたりします。これはとんでもない話で、僕らの感覚からすると、昔の松下電器などは見上げるような巨人でした。

僕らがまさに仰ぎ見ていたそのパナソニックから、先日、講演の依頼が来たのです。

「パナソニックに活を入れてくれ」

という依頼でした。「僕が活を入れるなんてとんでもない」と思いながらも、とりあえず伺ってお話をしてきました。

オーディオ事業部長としてCDの開発に取り組んでいたときに、フィリップスと共同で開発しましたが、実は松下電器とも手を組んでいたという話や、VHSとベータのビデオ規格問題で揉めたときに、僕はビデオ部長だったのですが、それぞれのトップだった盛田昭夫さんと松下幸之助さんのトップ会談が、秘密裏に行われていたことなど、ちょっとしたこぼれ話もしてきました。

当時、ソニーという町工場に身を置いていた者とすれば、「僕のような者が皆さんの前で話しても大丈夫ですか（笑）」という思いを抱きながら話をさせてもらったわけです。

まさか僕がソニーを退いた後に、パナソニックで講演をするなんて夢にも思わなかったのですが、もし井深さんや盛田さんが存命だったら、それを聞いてどんな顔をされただろうという思いを馳せずにいられません。

僕を育ててくれたソニーという会社は、本当にユニークで面白い会社でした。今でもそうあり続けていると思いますし、日本の企業社会では稀有な存在だったと思います。

2人の創業者のキャラクター

〝実験企業〟とまで呼ばれたソニーという会社には、2人の創業者、井深大、盛田昭夫のキャラクターが色濃く投影されていました。

日本でもコロナの影響によって、テレワークが広がり、成果主義、能力主義が導入されるようになって、ようやく働き方が多様化してきました。これはコロナ禍がもたらした数少ない恩恵だったと思います。日本の企業社会は、初めて〝個〟というものを意識したのではないでしょうか。

これは非常にいいことだと思っています。国際社会の中での競争に日本が勝ち抜くために、今まで僕は、すべての働く企業人が〝個〟として独立すべきであると訴え、それを促進させるために、「退職金をやめよう」「定年制度をやめよう」「一律をやめよう」と提言してきました。

こうしたことを僕が強く意識し、また〝個〟の意識を身体に染み込ませることができたのは、やはりソニーという会社に育てられてきたからです。井深大、盛田昭夫といった稀有な経営者によって育てられたからです。

企業が進むべき道に大きな示唆

この本を読んでおられる方は、サラリーマンだけでなく、経営者の方や、あるいはこれから独立してベンチャー、個人事業を始めようとされている方もおられると思いますが、ソニーという会社をもう一度、よく検分することはこれからの日本の企業が進む上で大きな示唆を与えてくれると思っています。

ですから、今一度、ソニーの成り立ちから簡単に振り返ってみようと思います。

終戦にともない、井深さんがそれまで勤めていた日本測定器という会社が解散になり、海軍の技術中尉だった盛田さんや、同社の技術者約20人と一緒に、1946年5月に立ち上げたのが、ソニーの前身である東京通信工業です。社名にある通り、通信機器の研究と開発をする会社でした。

井深さんが起草した会社設立趣意書に書かれている「会社設立の目的」の第一項にはこうあります。

「真面目なる技術者の技能を、最高度に発揮せしむべき自由闊達にして愉快なる理想工場の建設」

会社設立の目的が「自由闊達にして愉快なる理想工場」をつくることなのです。僕らがいかに世俗にまみれてしまったかを思い知らされます（笑）。

牧歌的な時代が忍ばれる文章ではありますが、ここには、戦争が終わり、自由にモノを作れるようになった技術者たちの喜びが溢れているようにも見えます。

東京通信工業は、通信機器からラジオを製造するようになり、海外へも販路を広げようとします。社名をソニーに変えるきっかけについて、盛田さんは自身の著書『ＭＡＤＥ　ＩＮ　ＪＡＰＡＮ　わが体験的国際戦略』（ＰＨＰ研究所）で次のように書いています。

〈僕は帰国するなり、井深氏に、これから外国と商売をするのに、このような発音しにくい社名（注：東京通信工業）ではどうしようもない。もう少し外国人にも覚えやすい名前を作ろうではないかと提案した〉

この盛田さんの提案がきっかけとなり、２人は頭を絞りました。そんななか、盛田さんの目に留まった言葉が、ラテン語の「ＳＯＮＵＳ」、日本語に直すと「音」という言葉です。

実験企業の先見性

盛田さんは、前述の著書で社名が決まった経緯について次のように述べています。

〈一方、当時、「SONNY」とか「SONNY　BOY」という言葉がはやっていた。「可愛い坊や」といった意味である。われわれが考えていた楽天的で明るい響きを持っている。何よりわれわれ自身が「ソニー・ボーイ」ではないか。「SONUS」と「SONNY」の二つを眺めているうちに、「SONNY」という言葉が浮かんできた。しかし、これを日本人がローマ字的に読むと「ソンニー」となる可能性がある。「ソン」は「損」に通じて、商売には禁物である。それならば、Nを1つ取って「SONY」としたらどうか。そうだ、これだ！「SONUS」を扱う「ソニー・ボーイ」の集まりという理屈もつくし、ぴったりではないか。

さっそく「SONY」という商標をラジオに付けることにした。東京通信工業の頃は、「T」の逆三角形に入れたマークを使っていたが、今度は四角の中に「S」という字を電気の稲

妻のようにデザインし「SONY」を書いたマークにした。事実、最初の二機種のラジオにはこのマークを付けた。（中略）

社内外でいろいろと反対があった。そのころ、カタカナで社名を書いているような会社はなく、「ソニー株式会社」では名刺に書いても重みがない。せめて「ソニー電子工業株式会社」にしたらといった意見も出た。僕は、今は電子工業だが、将来は何を作っているかわからないから、ソニー株式会社でいいのではないかと主張し、結局そう決まった。しかし中には、東京通信工業はソニーというアメリカのわけのわからない会社に買収されたのではないかと思った人もいたようだった。おそらくわれわれは、日本で初めてのカタカナ名の会社になったのではないかと思う〉

引用が長くなりましたが、この社名変更のエピソードには、海外に打って出ようとする進取の気性と、「将来は何を作っているかわからない」から「電子」や「通信」「工業」などの言葉を使わないという先見性、そして、常識にとらわれずにカタカナの社名をつけるという冒険性など、後に〝実験企業〟と呼ばれるようになるソニーのすべてが凝縮されているように思います。

〝個〟を尊重するから自由な会社

僕も体験していますが、上司の意見に対して、平気で正面から「NO」と言える会社でした。ときには逆鱗に触れて、

「お前はクビだ」

と怒鳴られたこともありましたが、そんなときでも、騒ぎを聞いて飛んできた人事部長が僕の話を聞いて、

「そりゃ、出井、お前の方が正しいよ」

と慰めてくれるような気風があった。

こうした自由さ、おおらかさは、まず、盛田さんにしろ、井深さんにしろ、その後の岩間さんしろ、皆に共通していましたが、

「人は違うものだ。もちろん、社員も違うものだ。違って当たり前」

という前提が社内で共有されていたと思います。この土壌は、ソニーの中で代々受け継

がれているのではないでしょうか。

こうした会社だから、組織を固定化してそこに人をはめていくような発想はしない。むしろ人の能力に合わせて組織を変えることにも躊躇《ちゅうちょ》がありません。技術者オリエンテッドな会社ではありましたが、僕のような文系社員が事業部長や社長になったりするわけです。また、広報、宣伝、デザインを全部担当させるようなこともやらせてくれたのです。

これは僕だけではありません。ソニーの社員には同じ社歴を持っている人はほとんどいないと思います。僕のCEO時代にCEO室長を務めてくれた橋谷義典さんはIR、ブランドマネジメント、総務、などの領域の責任者を歴任していますが、そんな社歴の社員は他にいないと思います。

その意味では、井深さんや盛田さんの願った、自由でおおらかな社風は残り続けているのではないでしょうか。

新卒も中途も関係ない

これは前述の橋谷さんから聞いた話ですが、彼が入社したときに、会長の盛田さんへの報告として先輩から「ソニーは自社株取得をできるか」というレポートを書けと指示されたそうです。彼が「こういう法律があるからできません」と書いたところ、先輩からは「君のレポートは大学での試験なら合格点だけど、ソニーではそれでは駄目なんだ。どの条文を変えれば可能になるかという視点で書き直せ」と言われたそうです。

この書き直したレポートをベースに盛田さんは法律改正への動きをされたそうですが、彼はこのことを通じて、ソニーが世の中のルールに従う会社ではなく、変革を志向する会社だと強く認識し、それが彼のソニー人生に大きな影響を与えたそうです。

こうした柔軟な発想をするところが、手前味噌ではありますが、ソニーの凄いところだと思います。霞が関から天下りを受け入れて、官僚の指示を唯々《いい》諾々《だくだく》と受け入れるのではなく、時代にそぐわない法律は変えればいい、法律は変えるものであると考えるわけです。

ソニーの持続的な成長はこうした〝独立自尊〟の気風がもたらしたと思うのです。

いい意味で、ソニーはこの〝個〟の塊だったような気がします。そもそも、「人は違って当たり前」を前提とした会社がソニーだということに言及しましたが、ソニーには、「○○事業部が出世コース」とか、「○○畑ではないと出世できない」というようなルートが存在しません。あくまで〝個〟を評価するからです。

会社に対する忠誠も必要ありません。ロイヤリティを求めず、自由な形の働き方も認めますが、成果は求められます（笑）。まさに「オープン・ザ・カンパニー」です。

こんな例もあります。ソニーの地方の工場では、多くの従業員が農家と兼業でした。農業を3時間やって、あまった時間をソニーの工場で働くという人は昔からいます。

今回、新型コロナウイルスの流行という大災害に見舞われましたが、〝オンライン〟〝テレワーク〟という働き方を我々に与えてくれました。成果さえあげれば、時間が自由に使え、さまざまな働き方ができる時代になったのです。

ソニーはもともと中途採用が非常に多い会社でした。生え抜きだからどうだとか、中途だからどうだとか、そうした考え方がない会社でした。中途採用の人材は、採用した人に紐付いている人脈も一緒に採用するという考え方があったんですね。

つまり、許容範囲が非常に広かった。寛大というか、懐が深いというか、盛田さんにしろ、井深さんにしろ、一回辞めた人間を雇うことにも躊躇はなかった。もちろん、その人が求める能力を持っていないとダメでしたけどね。

横に広げる人脈のネットワーク

僕が社長時代に始めた、社内のいわば〝異業種交流会〟である「ソニーユニバーシティ」もそうした文脈から生まれたものでした。

普通は社外の人たちと交流を持つのが異業種交流会で、社内の異業種交流会なんて不思議に思うかもしれませんが、僕が社長を務めていた当時のソニーは、僕が入社したときの社員２０００人程度のベンチャーとはまったく違い、グループ全体で13万人以上の会社に成長していました。

この規模になると、隣の部署の人間でさえ、一生会うことがないような状態にもなりえます。エレクトロニクスの技術者は財務の人間とは会わないし、ソニー・ミュージックの営業もソニー生命の営業と会うことはまずない。

僕は越境することによって、サラリーマンとして多くのことを学び、多くの体験をしてきました。それが出井伸之のバリューを上げてくれたと思っています。

だから、社員にも同じ体験をしてもらいたいと思い、社内の人的ネットワーク作りも含めて社内異業種交流会「ソニーユニバーシティ」を始めたのです。

通常の業務では会わない人でも、何かのときに手助けが必要なことが起きたりする。そうしたときに、その人脈を持っているかどうかで仕事に差も出てくるのです。

だから、会社はサラリーマンを縛り付けるのではなくて、横に横に広げるようにした方がいいと思います。それは会社のメリットにもなるし、サラリーマンにとっては何より自らの価値を高めることにつながります。

コロナによる分断を超えるのは人脈

現在のコロナの流行は、僕はある意味で「隕石」のようなものと考えています。世界のパラダイムを変える可能性があります。

これまではグローバリゼーションで、安い人件費、安い土地の国に工場を建てて、世界中に商品をばらまいて売ってきた。ところが、コロナによって、国境や県境を閉ざし、人やモノの移動を制限する〝分断〟の時代がやってきました。実際に世界中で半導体が不足して、混乱が起きています。

しかし、この分断は本当はコロナの前からあったのです。東京と地方の分断、中央政府と地方行政の分断、各省庁の分断、そして、日本と世界の分断。ありとあらゆるところに分断があり、むしろコロナ前からあった分断が、コロナで目に見える形で顕在化したと考えています。

この分断を超えて自分の価値を高め、成長していくためには、分断を超える人脈の存在が重要です。

僕自身、コンピュータ事業部長時代、マイクロソフトを訪問したり、コンピュータに関連するさまざまな海外の経営者と会うことでこの分野の人脈ができました。当時参加したアメリカの投資会社アレン・アンド・カンパニーが主催するサンバレーで行われたカンファレンスには、映画や放送業界、コンピュータ企業のトップが集まっていました。マイクロソフトのビル・ゲイツやインテルのアンディ・グローブ、ニューズ・コーポレーションのルパート・マードックなど錚々《そうそう》たるメンバーです。彼らとのネットワークを事業部から離れても意識して維持し、デジタルやコンピュータに関する最新の情報に常に触れていくことができたことで、この人脈が後々まで僕の大きな財産になりました。

1997年、サンバレーのカンファレンスにて

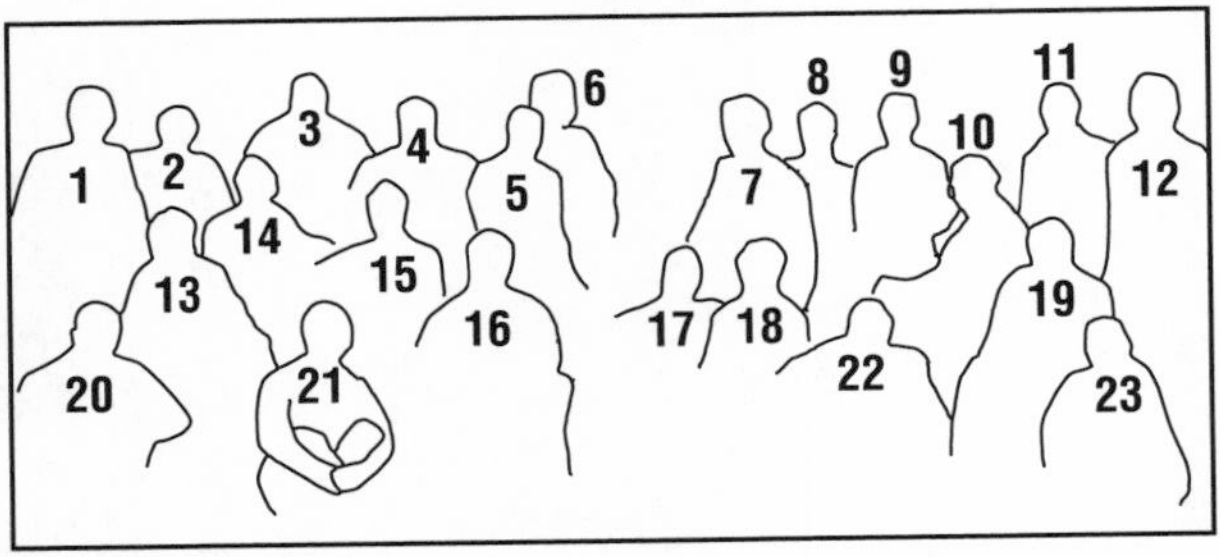

1. W・バフェット（バークシャー・ハザウェイ会長）
2. F・ビオンディ（ユニバーサル会長）
3. R・バーソン（タイム・ワーナー社長）
4. J・マローン（TCI会長）
5. B・ライト（NBC会長）
6. H・ストリンガー（SCA社長）
7. E・ブロンフマンJr.（シーグラム社長）
8. R・メイヤー（ユニバーサル社長）
9. A・グローブ（インテル会長）
10. T・セメル（ワーナー・ブラザーズ会長）
11. R・ロバーツ（コムキャスト）
12. R・マードック（ニューズ・コーポレーション会長）
13. N・マイボルト（マイクロソフト）
14. G・レビン（タイム・ワーナー会長）
15. J・マッカウJr.（オルカ・ベイ・キャピタル会長）
16. J・バーグ（ICM会長）
17. D・ゲフィン（ドリームワークス共同創立者）
18. K・グラハム（ワシントン・ポスト会長）
19. B・ゲイツ（マイクロソフト会長）
20. H・A・アレン（アレン&カンパニー）
21. **出井**
22. B・ディラー（HSN会長）
23. J・カーツェンバーグ（ドリームワークス共同創立者）

（敬称略　肩書きはすべて当時）

第8章
国内と対外の並列的な二重戦略に活路

ピンチをチャンスに変えよ

今の時代を、僕はむしろチャンスだと思っています。インターネットで世界がボーダーレスになった時代に、日本は一人負けしてきました。劣勢の状況で迎える大変動は、巻き返しのチャンスとも言えます。

では、この分断の時代に日本はどんな戦略をとればいいのでしょうか。

一つは対国内戦略ですが、国内は地方を活性化すべきと考えます。東京一極集中を解消して、地方を活性化することにより、国内の産業を強くしていくべきです。

コロナ禍になって、日本人が行政区分をこれほど意識したのは、初めてではないでしょうか。「東京からは来ないでくれ」とか、「○○県は感染者が何人だが、うちの県は少ないから安心だ」とか、急に意識するようになりました。

僕は地方自治体から地域活性化のためのコンサルティング依頼をよく受けるので、けっこう地方には足を運んでいますが、がっかりすることが多い。なぜかというと、地方の人たちが東京しか見ていないからです。

「東京から見たらここは変でしょうか？」

「ここは東京に似ていると思いませんか？」

東京の真似をしようとするから、全国どこの町へ行っても、似たような風景で、地方のオリジナリティが感じられないのです。

僕はフランスやスイスなどヨーロッパでの生活も長かったのですが、欧州だと、それこそ一つ州や県の境を越えただけで、別の国に来たのではないかと思うほど、地方が自己主張しています。建物が変わり、人々の服装が変わり、食べ物が変わり、場合によっては言語まで変わります。それに比べると、日本はどこに行っても、金太郎飴のように同じです。

本来、地方には豊かな文化があり、豊かな景観があり、豊かな特産物があるはずです。南北に長くて気候が異なり、四季もある日本で、天からのギフトを与えられているのに、それを活かしきれない。本当にもったいないと思います。

なぜそうなったのかというと、これは僕の分析ですが、やはり、明治維新の廃藩置県のときに押し付けられた行政単位の影響だと思います。地方の独自性や、独立性を意識的に無視して、都道府県の線を引いた結果です。

明治維新の時点においては、列強の植民地にならないように、富国強兵が必要であり、そのための手段として、廃藩置県による中央集権が必要であったというのは納得できます。しかしながら、中央集権による富国強兵という目的が無くなった今でも、明治時代の行政単位や考え方が必要なのでしょうか。

〝廃県置藩〟を断行しよう

僕は仕事で福島県に行ったことがありますが、福島県は大きく「中通り」「浜通り」「会津」の3つに分かれます。「中通り」というのは、福島市、二本松市を中心とした地域で、「浜通り」の中心は相馬市やいわき市、そして、「会津」は会津若松市であり、喜多方市がその中核を担っています。この3つの地域は三者三様で、まったく違うのです。気候も違えば、人の気質も違う。だから、そうしたものに根ざした文化も違う。

福島だけではなく、こうした例は全国に多々あります。静岡県も、静岡市周辺と、伊豆半島地域、そして名古屋経済圏の一部とも言われている浜松市ではまるで違います。それを同じ行政区分に置いて、同じ行政を強いることに無理があるし、その地域の文化や特質、産業を殺してしまいかねません。

だから、地方の魅力や独自性を取り戻すために、政府が〝令和維新〟を宣言して、廃藩置県の逆で、〝廃県置藩〟を実行するというのはいかがでしょうか。

コンサルティングの依頼を受けて、市町村くらいの単位で何かやろうとしても、県が動かないから、結局、何もできないということがよくあります。都道府県のトップは、地方交付税をたくさんもらうことに専心して東京しか見ていない人が多いし、都道府県という単位は大きすぎるのだと思います。

だから、〝廃県置藩〟では、都道府県を解体してもっと小さな単位に分割して独立性を与えます。税制の改革も必要で、中央が税を集めて地方に分配するというやり方もやめる。今までは地方交付税をどう分配するかで、中央が地方を支配してきました。これが諸悪の根源なんですね。

財布の紐を霞が関に握られているから、地方は天下りを受け入れ、中央の指示に従うだけになり、東京ばかり見るようになる。

いっそ、中央も解体して日本を10地域くらいに分け、道州制に移行するというのもありだと思っています。もう地方行政に霞が関の劣化版は必要ありません。東京のモノマネなんかしなくてもいいのです。

地方の特色が残っている今がラストチャンス

欧州に住んだ経験から言えば、スイスなどは、江戸時代の日本の幕藩体制のように、小さな行政区に分かれていて、それぞれの自治体が強い自治権を持ち、予算も自前で握っています。そうすると何が起きるかというと、自治体間で健全な競争が起きるのです。税制を改革して、地方が独自に予算を持てるようになれば、中央の顔色を窺う必要はなくなります。行政も住民にちゃんとサービスしないと他の自治体に出て行ってしまうから、住民と向き合うようになるし、独自の企画で他の自治体と差別化しようとします。地域の特性を活かしたベンチャーも活発になる。

地方の特色が残っている今がラストチャンスです。地方の特性を活かしたビジネスを創っていくべきです。他の地域でできることをやるのではなく、その地域の特性を活かすことを考え、そこに投資すべきです。

地方のベンチャーに目を向けよう

今まで日本は、中央省庁から何から、組織はすべてが〝縦割り〟でした。中央と地方という関係も縦割りです。しかし、地方が独立性を高めていくと、〝横〟のつながりが広がっていきます。上意下達の縦の社会は終わり、個々の自治体が個性を発揮しながら、横へつながっていく時代がやってきます。そこから「UNITED STATES OF JAPAN」が誕生するかもしれません。

地方が活性化すれば、働く場も増えていきます。英語や中国語など外国語の会話を教える人材や、景観の改善を提案し、施工を管理できる人材が必要になります。世界に向けて地域の広報・宣伝ができる人や、イベントなどを企画・運営できる人も必要になります。聞くところによれば、実験的な取り組みをしている地方自治体も増えてきているようです。

かつて山中温泉、山代温泉、加賀片山津温泉という日本を代表する温泉街で栄えた石川県の加賀市は、こうした日本の伝統的な温泉場にありがちな大箱のホテル、旅館ばかりで、お客さんのニーズと合わなくなり、時代の変化に取り残されてしまいました。

観光客が落とすお金が税収だっただけに、市の財政は逼迫《ひっぱく》し、仕事が減っていくために人口流出も続き、2014年には民間研究機関の日本創成会議が公表している「消滅可能性都市」に位置づけられました。

それに危機感をもった加賀市の宮元陸市長は「ブロックチェーン都市」宣言をし、あらゆる分野でIT化、デジタル化を進めました。人材育成を第一に掲げ、教育移住を増やすために、「プログラミング教育」にいち早く着手するとともに、米ニューメキシコのロボット教育団体「ロボレーブ」と組んでロボット国際大会なども開催しています。

教育からテコ入れして産業構造を変革しようという壮大な計画で、非常にチャレンジングだと思います。こうした地域に根差した創意工夫が地域を活性化させ、地域の独自性を生んでいきます。

だから、スキルやアイデアのあるサラリーマンなら、自分自身がベンチャーを立ち上げ、地域の活性化を促す役割を果たしてもいいのです。個々のサラリーマンにも決して無関係な話ではありません。定年後に生まれ故郷に戻って、地域の活性化のために働くというのは悪くないと思いませんか。

地方を活性化することが、日本全体の力の底上げにもつながっていくと思います。

安心・安全・健康長寿の魅力をアピールすべき

海外の友人が日本に感じる魅力の中で、日本人が意識していないポイントが安心・安全・健康長寿の魅力です。あまりにも日本人自身は当たり前と思っていることだと思いますが、こんなに安心・安全・健康長寿な国はありません。

この点をもっと徹底的にアピールすべきではないでしょうか。

そして、この魅力があるのは、やはり地方です。豊かな地方文化がこの魅力を支えていると思います。この魅力をアピールすることが結果的に継続的なインバウンド（訪日外国人観光客）につながってくると考えます。

日本の観光資源のポテンシャルは高く、自然だけでなく、世界が目を見張るような文化、芸術もあります。そうした資源は東京よりも、地方に散らばっています。それを活かさない手はありません。

慶應義塾大学環境情報学部教授、安宅和人《あたかかずと》さんは、著書『シン・ニホン』（NewsPicksパブリッシング）において、日本の中に『風の谷のナウシカ』の「風の谷」のように、これからの人間が都会から離れ自然と共存し豊かな生活を営む場所をつくろうと言っていますが、僕は日本が世界にとっての「風の谷」になればいいと思っているんです。安心・安全で健康長寿のためには日本に来ればよいという場所になれば、世界中から、人々が日本に来たがる。東京一極集中を止めて、地方の特性を活かす投資をすることによって、日本はそういう国を目指せばいいと思っています。

対外戦略はアジアとの共生

日本が取るべきもう一つの戦略は、すでに詳しく述べましたが、「アジアとの共生」という対外戦略です。日本はアジアとともに生きていくべきです。

明治維新における富国強兵のためのスローガンとして脱亜入欧という言葉があります。これは日本はアジアではなく、当時の先進国である欧州の一員になるということです。このことも当時の情勢からすると納得できるスローガンだったと思います。

第二次世界大戦後は脱亜入欧米でしょうか。今でもこの意識が日本人の心を支配しているのではないかと思います。

今後、中国を含めたアジアのGDPは全世界の50%になってきます。再びアジアの時代がやってくるのです。そのような時代で、このままで良いわけはありません。

この点においても政府が〝令和維新〟を宣言して、脱亜入欧の逆で、〝脱欧米入亜〟をスローガンにするというのはいかがでしょうか。

脱欧米入亜

今までは欧米市場をターゲットにして商品開発をしていて、それを後でアジア市場に売っていくという考えの会社が多くあったのではないでしょうか。今後はアジア向けを第一に考えていくべきです。

ただし、入亜ということを行う上では、脱亜入欧で植え付けられた、他のアジアの国に対する上から目線を止める必要があります。

また、アジア諸国を利用して日本だけが強くなっていくという考えからも卒業すべきです。

そのためにはまずは明治維新後の近現代の歴史を、もう一度きちんと学び直す必要があります。近現代における世界史の中のアジアにおける日本という視点での勉強をした上で、改めて、日本はアジアと共に成長していくという宣言が必要だと思います。

そうでなければ、アジア諸国からの信頼を得ることはできません。その上で、アジア諸国に必要な技術や人材を提供していくことが日本の将来のために必要です。

これは今まで日本の企業で働いてきた多くのサラリーマンについても同じことが言えます。自分のスキルを活かせる場がアジアにはあるはずです。

国内戦略と対外戦略を並列に

今までの日本は、日本国内で行ったことをベースに対外戦略を考えたり、対外戦略のために国内戦略を考えたりと、同じベースに立つ戦略を国内と対外に行ってきました。その戦略は成功しGDP世界2位になり、そして、使命を終了し、低迷の時代に入ったと僕は考えています。

僕の提案は、今後は国内戦略と対外戦略をまずは並列的に考えるべきということです。地域を活性化する国内戦略と、アジアとの共生を目指す対外戦略です。

もちろん具体的な事例においてこの二つがリンクするものがあることは否定しませんし、そのようなビジネスができることは歓迎すべきことです。

ただ、最初のスタートポイントとして、日本が強化すること、言い換えると投資をすべきポイントを考えるときには、この国内と対外を分けて考える方がいい時代になってきたということです。

これはこれから働くキャリアを考える人にも新たにセカンド、あるいはサードキャリアを考える人にも同じことが言えると思います。

地方を活性化する国内戦略に貢献するのか、アジアとの共生を目指す対外戦略に貢献するのかをチャレンジポイントとして捉えていってもらいたいと思います。そこに皆さんのスキルを活かすものはあると思います。

コロナという〝隕石〟が落ちて、世界が大混乱している今だからこそ、変革のチャンスなのです。

個々のサラリーマンも年齢にとらわれないでほしい。いくつになってもチャレンジしていける人が、人生を豊かにできるのです。

おわりに

あなたの人生のCEOは
あなた自身

ここまでは、サラリーマンの会社での生き方を読者の皆さんの参考になるように書いてきましたが、自分が実践してきたもう一つの考え方を紹介したいと思います。

人間は、頭には脳があり、身体には胃・腸・心臓など多数の臓器があり、そのすべてが組み合わさり成り立っています。その構造は、会社組織の構成よりずっと複雑と考えられます。いわば、あなたは自分自身の身体のＣＥＯであり、いつもそれに命令を下しているのです。

会社組織のＣＥＯでも、命令できることと命令できないことがあります。

自分の身体に置き換えてみると、血圧や心臓の動き、胃腸の働きなど、自分で直接命令できることとできないことがたくさんあります。会社組織と同じようだと思いませんか？

たとえば、自分自身を自分の身体のボスとして、映画が観たい！　と映画館に行くことはできます。でも一方で、自分で脈拍や血圧を動かすことはできません。会社のＣＥＯになっても同じことです。ＣＥＯだからといって、直接命令できることは案外少ないのです。

この話をかつてアリババグループ創業者のジャック・マーに、彼が自分の会社を設立して間もない頃に話したことがあります。そのときの彼は自分の会社を成長させることに夢中できょとんとしており、実際私に「意味がわからない」と言いました。

それから10年近く経ち、北京で開催されたあるフォーラムで彼に会う機会がありました。そのとき、彼は私に抱きついて「出井さん、昔あなたが言ったことをよく理解できた、ありがとう！」と言ってきました。彼が会社を大きくして大経営者になっていた頃です。

会社のＣＥＯとして重要な仕事に（1）会社の長期的ビジョンを考える、（2）今すぐ解決できる短期的な問題をまとめる、（3）長期／短期両方の問題点を解決する仕組みをつくり、それを実行することが挙げられます。ビジョンは10年以上かけてやり、今直面する短期的な問題の解決は最長1年くらいを目途に考えるでしょうか。

ここでも、自分が自分自身の〝ＣＥＯ〟としてまったく同じように考えられると思います。

自分はどうありたいのか、どういう人生を歩みたいのか、長期的ビジョンを考えなければならないし、日々起こる問題や課題に向き合い、解決しなければなりません。

人の一生を春・夏・秋・冬の四つの季節にたとえると、春は学びの時代、夏は働く時代、秋はリーダーシップの時代、冬はこれまでの経験を振り返り人生の幕を下ろす時代に分けられると思います。四季それぞれの年代は個人によって違います。彩《いろど》りある一生を送る資本となる身体の健康を管理するためには、会社の財務を管理するCFOのような存在も重要でしょう。私は現在84歳になり、初めて人生の秋、冬のビジョンを描く重要性を知りました。

一人ひとりがその人自身のCEOであり、それぞれの信じるビジョンを描き、その実行のために決断、アクションを起こす必要があります。自分でできることもあればできないこともあるでしょう。自分でできないことは周りの力を借りて、またあなたが得意なことは、その力を周りの人のために使いながら、いくつになってもあなた自身があなたの人生のCEOであることを忘れずにいてください。

追記：私が今一番心配していること

技術革新が起きたときに、その技術革新の波に乗れない最大の障害は、古い技術に拠《よ》っていた企業の権益に配慮しすぎることにあります。インターネットという隕石が落ちたときに、日本やドイツでGAFAが生まれなかった原因はそこにあります。

今、ブロックチェーンという新しい技術を使って、各国の中央銀行がデジタル通貨の発行を進めています。特に、民間銀行が発達していない国においては、国民に対する金融サービスの遅れを取り戻す方法として、デジタル通貨の発行が進んでいます。カンボジアは、日本企業のＳＯＲＡＭＩＴＳＵが発行を手伝っています。

一方で、民間銀行が発達している国においては、デジタル通貨の発行は民間銀行の役割の多くを不要とするため、抵抗が大きく、デジタル通貨の発行に及び腰になっています。特に日本においては銀行システムがあまりに良くできているので、デジタル円になると、大手の民間銀行は存続が難しくなると思います。そのため、今までの日本政府の対応を見ていると、デジタル円の実現は簡単にはいかないと思われます。

同様の要因から、ＮＦＴ（非代替性トークン）に代表されるようなＷｅｂ３・０の更なる進化や、ＧＡＦＡが注力しているメタバースの世界への日本の対応は他の国よりも遅れています。その結果、日本にＧＡＦＡが出現しなかったときと同じように、これらの分野における日本企業が後れをとることを懸念しています。

最後になりましたが、本書の刊行にあたっては、小学館の酒井裕玄さんにお世話になりました。構成・編集の作業を進める上では、ブックライターの児玉博さんにご尽力をいただきました。そして、クオンタムリープ広報担当の斉藤裕子さんに、インタビューの準備から校正を含むさまざまな面でサポートいただきました。この場を借りて、感謝申し上げます。

本書が多くの人の生き方に、少しでもお役に立てれば幸いです。

２０２２年3月31日

出井伸之

出井伸之とソニーの関連年表

1937年11月	出井、東京で生まれる
1946年5月	東京通信工業が創業。資本金19万円。井深大38歳、盛田昭夫25歳
1950年7月	日本初のテープレコーダー発売
1955年9月	日本初のトランジスタラジオ発売
1958年1月	社名をソニーに改める
12月	東京証券取引所第一部に上場
1960年	出井、早稲田大学第一政経学部を卒業、ソニーに入社
5月	世界初の直視型ポータブルトランジスタテレビ発売
1961年6月	日本企業として初めてニューヨークでADR（米国預託証券）発行。1時間で売り切れる
1962年5月	ソニー、世界最小・最軽量のマイクロテレビ発売
1963年	出井、欧州駐在となる。東京勤務をはさんで再びヨーロッパに戻り、ソニー・フランス設立を手掛ける
1966年4月	東京・銀座にソニービルをオープン

1967年3月	世界初のICラジオ発売
1968年10月	トリニトロンカラーテレビ発売
1970年9月	ニューヨーク証券取引所に上場
1973年2月	ソニー・フランス設立
1975年5月	ベータ規格の家庭用VTR発売。ビクターはVHS規格を発売へ
1979年2月	出井、オーディオ事業本部長に
7月	ウォークマン発売
8月	ザ・プルデンシャル・インシュアランス・カンパニー・オブ・アメリカとの合弁で、ソニー・プルデンシャル生命保険設立（現在のソニー生命保険）
1982年10月	世界初のCDプレーヤー発売
1983年5月	大賀社長の下で、事業本部制導入。出井、MPS事業本部副本部長に
1987年1月	コンピューターNEWS発売
1988年1月	CBSレコーズを買収（現在のソニー・ミュージックエンタテインメント）
4月	出井、ホームビデオ事業本部長に
1989年6月	世界最小、最軽量の録画再生ビデオカメラ発売
	出井、取締役に

9月	コロンビア・ピクチャーズを買収（現在のソニー・ピクチャーズエンタテインメント）
1990年4月	出井、マーチャンダイジング総合戦略本部長に
7月	出井、広告宣伝本部長に
1992年11月	世界初のMDシステム発売
1993年11月	ソニー・コンピュータエンタテインメント（SCE）設立
1994年4月	社内カンパニー制導入
6月	出井、常務に
1995年4月	出井、代表取締役社長に
1996年7月	家庭用パソコンVAIOシリーズ国内発売
1997年6月	執行役員制度導入。取締役を38人から10人に
1998年5月	出井、大賀とともに共同最高経営責任者（Co-CEO）に
1999年3月	経営改革案発表（「第一次構造改革」）
4月	松本大ゴールドマン・サックス顧問と折半出資で、「マネックス」設立
4月	出井、日本銀行参与に
6月	ロボットAIBO（アイボ）発売
11月	出井、ゼネラルモーターズの社外取締役に。のちにネスレでも

2000年6月	出井、ソニー会長兼CEOに、社長に安藤国威副社長
7月	出井、森首相の諮問機関として発足した「情報通信技術（IT）戦略会議議長に
2001年4月	ソニー銀行設立
2002年7月	第1四半期連結決算で過去最高の売上高発表
2003年1月	4月の改正商法のもとでの委員会等設置会社への移行を発表。6月の株主総会で正式決定
4月	03年1・3月期の赤字過去最高の発表が株式市場に大きな影響を与える（ソニーショック）
5月	出井、日本経団連副会長に
11月	「第二次構造改革」発表。持ち株会社制への移行方針を打ち出す
2004年4月	金融子会社を統括する「ソニーフィナンシャルホールディングス」設立
2005年3月	出井、ソニーの会長とCEO退任を発表する
2006年9月	出井、クオンタムリープ設立
2012年6月	NPO法人アジア・イノベーターズ・イニシアティブ（AII）を立ち上げる
2019年11月	「アドベンチャービレッジ」構想の発表

出井伸之〔いでい・のぶゆき〕

1937年、東京都生まれ。60年早稲田大学卒業後、ソニー入社。主に欧州での海外事業に従事。オーディオ事業部長、コンピュータ事業部長、ホームビデオ事業部長などを歴任した後、95年に社長就任。2000年から2005年までは会長兼グループCEOとして、ソニーの変革を主導した。退任後、2006年9月にクオンタムリープを設立。大企業の変革支援やベンチャー企業の育成支援などの活動を行う。NPO法人アジア・イノベーターズ・イニシアティブ理事長。

本書を刊行後、2022年6月に逝去。

構成：児玉博
編集：酒井裕玄

人生の経営

二〇二二年 四月五日 初版第一刷発行
二〇二二年 六月二十六日 第二刷発行

著者 出井伸之
発行人 鈴木崇司
発行所 株式会社小学館
〒一〇一－八〇〇一 東京都千代田区一ツ橋二ノ三ノ一
電話 編集：〇三－三二三〇－五九五五
販売：〇三－五二八一－三五五五

印刷・製本 中央精版印刷株式会社

Printed in Japan ISBN978-4-09-825419-4